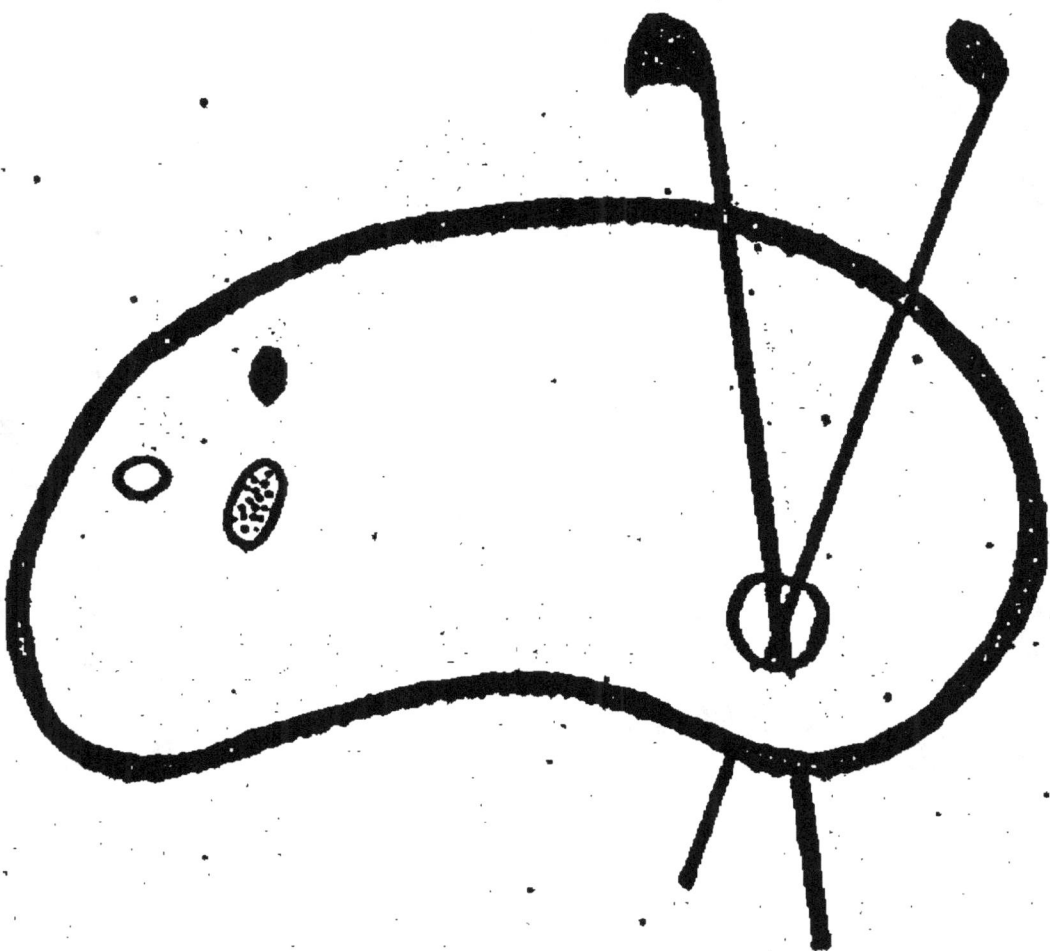

DEBUT D'UNE SERIE DE DOCUMENTS
EN COULEUR

Couverture inférieure manquante

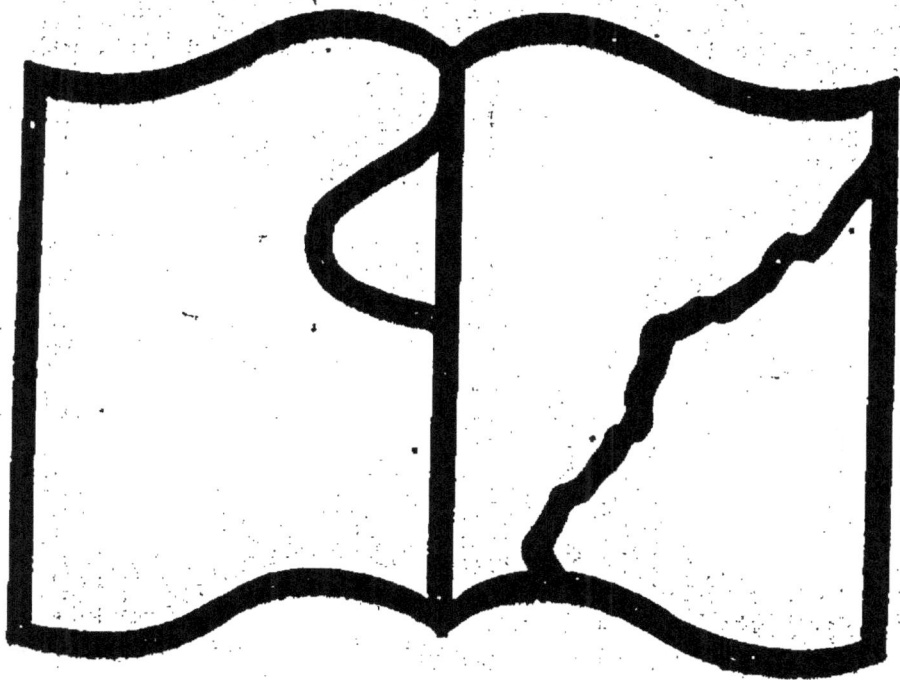

Exposition Universelle de 1900

GOUVERNEMENT GÉNÉRAL DE L'ALGÉRIE

L'ALGÉRIE DANS L'ANTIQUITÉ

PAR

Stéphane GSELL

PROFESSEUR A L'ÉCOLE SUPÉRIEURE DES LETTRES D'ALGER

RÉPUBLIQUE FRANÇAISE

ALGER-MUSTAPHA

GRALT, IMPRIMEUR

Rue

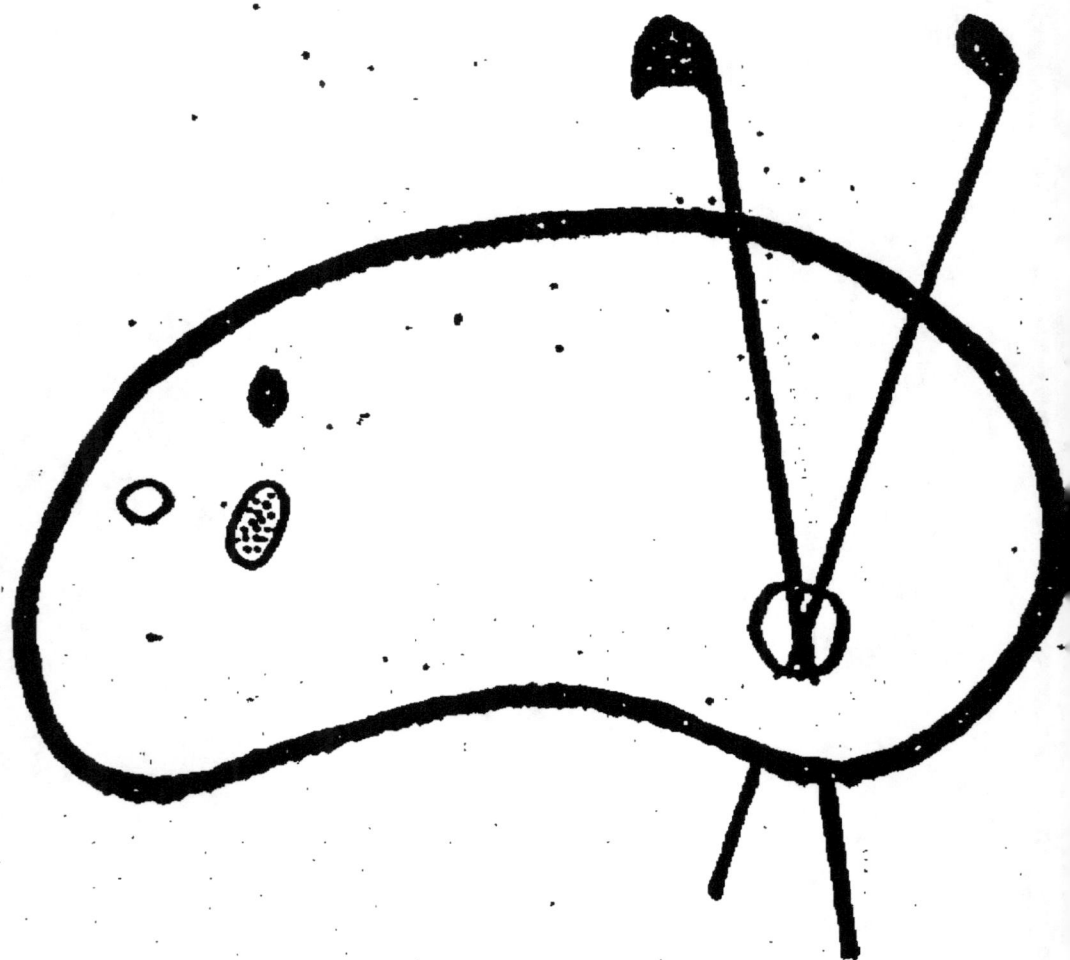

FIN D'UNE SERIE DE DOCUMENTS
EN COULEUR

L'ALGÉRIE DANS L'ANTIQUITÉ

GOUVERNEMENT GÉNÉRAL DE L'ALGÉRIE

L'ALGÉRIE DANS L'ANTIQUITÉ

PAR

Stéphane GSELL

PROFESSEUR A L'ÉCOLE SUPÉRIEURE DES LETTRES D'ALGER

ALGER-MUSTAPHA,

GIRALT, IMPRIMEUR-PHOTOGRAVEUR

Rue des Colons, 17

1900

L'ALGÉRIE DANS L'ANTIQUITÉ

I

Les plus anciens souvenirs qu'aient laissés les hommes en Algérie sont, comme ailleurs, des armes et des outils de pierre. Ces objets appartiennent à l'époque que les géologues appellent quarternaire ou à des temps plus ou moins reculés de l'époque actuelle. On les trouve à peu près partout où on les cherche, soit dans des terrains formés d'alluvions très anciennes, soit dans des grottes, soit à fleur de terre ou presque à la surface du sol, surtout sur des emplacements d'ateliers et de campements, établis d'ordinaire contre des sources. A Palikao, près de Mascara, des massues très grossières, des racloirs, des pointes ont été recueillis avec les débris d'un foyer et des ossements d'hippopotames, de rhinocéros, d'une grande espèce d'éléphant aujourd'hui éteinte ; ces restes étaient ensevelis sous une colline de sable d'une trentaine de mètres, formée par des apports d'eau courante et recouverte elle-même par une couche de grès. Les abris sous roche que l'on a fouillés dans le voisinage d'Oran et d'Alger et dans la région de Saïda ont servi de demeure aux indigènes à une époque moins reculée : on y rencontre des pointes de flèche et de lance, des couteaux, des grattoirs, des perçoirs, instruments qui, en général, se fabriquaient sur place et dont quelques-uns sont d'une technique déjà fort habile ; plusieurs haches en pierre polie ; des aiguilles en os, finement travaillées ; des poteries ornées de dessins géométriques. Ce mobilier est mêlé à des œufs d'autruche, à des os d'antilopes, de gazelles, de sangliers, d'ânes, de bœufs, de moutons, de chèvres et à des quantités énormes de coquilles marines ou terrestres. Des stations en plein air, trouvées près de Sétif, d'Aïn-Beïda et d'Aïn-M'lila, dans la province de Constantine, offrent les mêmes armes, les mêmes outils, les mêmes restes de cuisine. Ces campements, formés sans doute de huttes en branchages, ces grottes, ont été pour la plupart occupées pendant un temps fort long : les hommes, qui les habitèrent, ne semblent pas s'être beaucoup déplacés. Ils se couvraient de peaux de bêtes, comme l'indiquent les grattoirs servant au nettoyage du cuir, les poinçons et les aiguilles. Ils portaient des parures faites de coquilles, de galets forés et de rondelles d'œufs d'autruche ; ils se tatouaient en rouge. Ils vivaient de chasse et il est très probable qu'ils avaient des animaux domestiques. Outre leurs poteries, ils devaient posséder des vases en bois. Ils ignoraient les métaux et rien n'indique qu'ils aient cultivé des céréales.

C'est sans doute à une civilisation moins primitive qu'il faut attribuer les plus anciens tombeaux en pierres brutes ou sommairement équarries, assemblées sans ciment. Ces sépultures sont très abondantes en Algérie. Dans leurs légendes, les Berbères les

attribuent aux Djouhala ou aux Beni-Sfao, races de
païens éteintes depuis des siècles. Isolées ou réunies
en vastes nécropoles, elles couronnent d'ordinaire
des hauteurs rocheuses ou sont accrochées à leurs
flancs. Beaucoup d'entre elles ont la forme de tertres
coniques, amas de pierres établis au-dessus des
morts ; ces *tumuli* sont parfois très grands : quelques-uns atteignent cent cinquante mètres de circon-
férence. Souvent une caisse, constituée par cinq fortes
dalles, recouvre les ossements. Une ceinture de blocs,
plantés en terre, maintient les bords du tertre, et le
cône présente fréquemment une série de gradins qui
assurent la solidité de l'ensemble. Ce premier type a
donné naissance à des tombes d'une construction
encore plus simple. Le tumulus disparaît et il n'en
subsiste plus que la bordure. Ici, la caisse funéraire
dégagée, se dresse au milieu du cercle. Là, les restes
humains sont placés sous le sol, au fond d'une fosse,
nue ou tapissée de dalles. Un pavage plat ou légère-
ment bombé entoure la caisse ou recouvre la fosse.
Deux rites funéraires peuvent être constatés dans ces
monuments. Tantôt les corps ont été débarrassés de
leurs chairs, par une exposition en plein air ou un
séjour plus ou moins prolongé dans une sépulture
provisoire, et on a enfoui pêle-mêle, dans la tombe
définitive, des ossements appartenant à plusieurs
individus. Tantôt les morts, soumis à un décharnement incomplet, qui laissait subsister la connexion
des os, ont été ensevelis dans une attitude repliée,
les genoux touchant le menton. Auprès d'eux, on a
souvent déposé des poteries qui contenaient quelques
aliments, parfois aussi des objets de parure et des
armes.

Peut-être les Africains eurent-ils des enceintes fortifiées dès l'époque où ils commencèrent à élever les tombeaux que nous venons de décrire. Un certain nombre de ces refuges ont été retrouvés sur des collines ou des plateaux escarpés, qui dominent des rivières ou avoisinent des sources. Le mur de défense est formé de gros blocs à peine taillés. A l'intérieur, il n'y avait pas tout d'abord de maisons en pierres ; on s'abritait sous des cabanes, faites en quelques heures avec des branches. Les indigènes ne se retiraient dans ces places qu'en cas de danger ; en temps ordinaire, ils vivaient dans la campagne avec leurs troupeaux de bœufs, de moutons, de chèvres et d'ânes. Ils avaient des demeures mobiles, des huttes montées sur des roues. Ils se déplaçaient pour chercher des pâturages. Mais, dans les pays fertiles du littoral, leurs parcours étaient sans doute assez restreints. Beaucoup de tribus devaient occuper déjà des territoires qui leur appartenaient en propre et qu'elles ne quittaient guère, cantons où les vivants pouvaient se réunir dans la citadelle, où les morts reposaient dans des cimetières renfermant parfois des milliers de tombes. Dans le Sud, la rareté des herbages obligeait les possesseurs de troupeaux à une existence plus nomade.

Nous ne savons pas quand les Africains connurent et domptèrent le cheval, mais il est certain qu'ils l'employaient vers le quatorzième siècle, comme monture et comme bête de trait. — De curieux dessins gravés avec des instruments en pierre sur des rochers du Djebel-Amour, des bords de l'Oued-Djedi et des environs de Guelma, attestent qu'ils avaient un art, bien rudimentaire, il est vrai. En quelques traits, ils représentaient, d'une manière naïve, mais quelquefois avec exactitude et avec vigueur, les animaux qu'ils avaient sous les yeux : lions, panthères, chacals, sangliers, autruches, gazelles, bêtes domestiques, dans la région de Guelma ; éléphants, hippopotames, bœufs à grandes cornes, etc., dans le Sud ; ils reproduisaient des scènes de chasse ou de vie pastorale. A une époque inconnue, ils formèrent un alphabet avec des signes géométriques, que l'on trouve déjà sur des poteries de la vallée du Nil, vieilles peut-être de six mille ans ; ils eurent ainsi une écriture particulière, dont les Touareg font encore usage aujourd'hui.

D'abord, leur religion fut un grossier fétichisme. Ils adoraient surtout des animaux dont les corps, pensaient-ils, étaient habités par des puissances divines : des taureaux, des singes, des boucs, des béliers. Plus tard, les cultes du soleil et de la lune se superposèrent à ces croyances ; sur une gravure rupestre du Djebel-Amour, Ammon, principal dieu des indigènes, apparaît sous les traits d'un bouc, coiffé du disque solaire. On vénérait aussi les génies des sources, des arbres, des montagnes. Les morts étaient respectés. On leur élevait parfois des tombeaux imposants. Le premier rite funéraire, qui mélangeait leurs os, détruisait leur individualité, mais le second paraît attester des intentions et des idées très différentes : la posture accroupie rappelle celle de l'enfant dans le sein maternel et indique peut-être la foi en une renaissance ; les aliments placés auprès des corps montrent qu'on croyait à une existence d'outre-tombe. Quand on avait quelque grave résolution à prendre, on allait consulter les ancêtres, on s'endormait sur leurs sépultures et on exécutait les ordres reçus en songe.

Cette vieille civilisation ne s'est pas développée spontanément, dans une contrée isolée du reste du monde. Bien avant la venue des Phéniciens, les indigènes de l'Afrique du Nord ont été en relations avec d'autres peuples. Cette région est une véritable île — l'île de l'Occident, disent les Arabes — bordée par les flots de l'Atlantique et de la Méditerranée et par un désert qu'on a appelé la mer de sable. Mais le Sahara, qui se dessèche lentement depuis des siècles, était jadis plus facile à traverser. Un isthme, dont la Sicile est un débris, reliait, à l'époque quaternaire, l'Italie à la Tunisie, et il n'est pas invraisemblable, malgré l'opinion contraire de plusieurs savants, que le Maroc ait été de même uni à l'Espagne. Dans la Méditerranée, les navigations sont courtes et sans danger durant la plus grande partie de l'année, le cabotage y est possible presque partout. — On a constaté que la langue des Berbères appartient à la même famille que celles de l'Egypte, de la Nubie et de l'Abyssinie. Beaucoup d'entre eux offrent un type ethnique qui est très répandu dans le bassin du Nil, et qui se caractérise surtout par la largeur des épaules et l'étroitesse des hanches. D'autre part, tous ceux qui ont visité des tribus où l'élément arabe n'a pas pénétré ont été frappés de la ressemblance d'un grand nombre d'individus avec la plupart des habitants de l'Espagne, de l'Italie, du sud de la France, de la Corse, de la Sardaigne : c'est la même race brune, d'ordinaire petite, énergique et nerveuse. On trouve aussi dans le Maghreb, beaucoup de blonds, d'un type plus ou moins pur ; il est permis de croire qu'ils y sont venus de pays plus septentrionaux.

Les instruments en pierre dont se sont servis les premiers Africains ressemblent, en général, à ceux que l'on fabriquait dans d'autres contrées, soit dans l'Europe occidentale, soit sur le Nil ; il y a certaines formes particulières à l'Egypte et au Maghreb. Les grottes d'Oran renferment des poteries, des objets en silex et en os, qui sont identiques à ceux qu'on a recueillis au Sud de l'Espagne, surtout dans les grottes de Gibraltar. Les tombeaux en pierres sèches, dits munuments mégalithiques, se rencontrent aussi bien dans l'Ouest de l'Europe que dans le Nord de l'Afrique. Le rite funéraire du décharnement et du mélange des ossements existait dans la péninsule ibérique, en Sicile, en Egypte et ailleurs. Il en est de même de l'attitude repliée donnée aux morts. Dans des tombes égyptiennes, remontant au cinquième ou au quatrième millénaire avant Jésus-Christ, on a découvert récemment des poteries qui rappellent, par leur galbe et par leur décoration, celles que les Kabyles ont continué à fabriquer jusqu'à nos jours. Des gravures rupestres analogues à celles de l'Algérie se voient, non seulement au Maroc et aux îles Canaries, mais sur divers points du Sahara, de la Haute Egypte et de la Nubie. La religion des premiers habitants du Maghreb peut être comparée à celle des anciens Egyptiens : c'est, à l'origine, le même culte des animaux, que domine plus tard le culte solaire.

Nous savons, par diverses inscriptions hiérogly-
phiques, que les Pharaons furent en rapports
fréquents avec les Libyens. Ceux-ci profitaient des
périodes de faiblesse de la royauté pour se jeter sur la vallée du Nil et y faire des razzias ; en
d'autres temps, ils y servaient comme mercenaires.
Au quatorzième et au treizième siècles, ils faillirent
conquérir l'Egypte. Cette contrée attirait surtout à
elle ses voisins immédiats, qui s'initiaient, dans une
certaine mesure, à sa civilisation ; mais l'influence
de l'Egypte, passant de tribu en tribu, pénétra
jusque dans le Maghreb.

Au cours du second millénaire avant l'ère chrétienne, divers états maritimes parvinrent dans la
Méditerranée à une grande puissance. Sur les côtes
de la mer Egée étaient établis les Achéens, les Dar-
daniens, les Lyciens, les Tyrrhéniens. Entre cette
mer et l'Afrique, les Crétois furent, pendant un
temps, sous le règne plus ou moins légendaire de
Minos, les maîtres de la Méditerranée orientale.
Ces peuples de la mer, comme les appelaient les
Pharaons, entretinrent des relations avec les Libyens ;
ils fondèrent peut-être quelques comptoirs sur leurs
côtes. Vers 1350-1300, ils s'allièrent à eux pour en-
vahir l'Egypte. Ils contribuèrent sans doute au développement de la civilisation dans les pays berbères.
Ce fut soit aux peuples de la Méditerranée, soit aux
Egyptiens que les indigènes de l'Afrique du Nord
durent les céréales, et probablement aussi la connaissance des objets en métal : ils les reçurent
d'abord tout fabriqués, puis les fabriquèrent eux-
mêmes. Sur le littoral, les progrès de la métallurgie

firent tomber en décadence, puis en oubli, l'industrie de la pierre. Mais celle-ci se maintint à l'intérieur des terres ; dans la partie septentrionale du Sahara, on continua à tailler, pendant fort longtemps, des armes et des outils en silex, d'une rare perfection.

II

On ignore à quelle époque furent fondés les premiers établissements phéniciens sur les côtes de l'Algérie : ils paraissent être antérieurs à la fin du douzième siècle. Il est possible qu'ils aient été d'abord des escales, des refuges, des points d'eau sur la route du retour de l'Espagne, où les Phéniciens allaient chercher l'argent des riches mines du pays des Tartessiens : pour revenir en Syrie, leurs navires suivaient, le long du littoral africain, un courant qui les portait jusqu'à la hauteur de la Sicile. Puis les stations devinrent des comptoirs, dans lesquels on commerça par voie d'échange. Les négociants de Sidon et de Tyr rencontraient alors une très vive concurrence sur les marchés de la mer Egée, d'où ils furent bientôt chassés : ils avaient tout intérêt à accroître leur trafic dans le Maghreb. De cette région, ils emportaient des laines, des peaux, de l'ivoire, des plumes d'autruche, peut-être du bétail, très probablement des esclaves. Ils laissaient aux indigènes des étoffes, des verroteries, des poteries, des armes et du vin. Ces escales, ces factoreries étaient placées dans des lieux protégés à la fois contre les tempêtes et les attaques des hommes. Les Phéniciens choisissaient le plus possible des îlots, très voisins du littoral, où ils pouvaient s'isoler et derrière lesquels ils constituaient un port. A défaut d'île, ils se fixaient sur un promontoire ou sur un plateau facile à défendre, qui, par la saillie qu'il faisait dans la mer, protégeait les vaisseaux contre les vents du large. Ils occupaient volontiers des points situés dans le voisinage d'une embouchure de rivière, dont la vallée servait de voie aux produits qu'on leur apportait.

Avec le temps, les comptoirs s'agrandirent et devinrent des villes, entourées peut-être d'une banlieue plus ou moins étendue. Mais il n'est pas vraisemblable que les Phéniciens aient eu des colonies à l'intérieur des terres, et c'est à tort qu'on leur a attribué la fondation d'Auzia, aujourd'hui Aumale.

A partir du huitième siècle, les établissements qu'ils avaient semés dans le bassin occidental de la Méditerranée furent les uns menacés, les autres détruits par les progrès rapides de la colonisation grecque. Carthage, élevée au seuil de ce bassin par une partie de l'aristocratie tyrienne et par une princesse de sang royal, assuma la défense de ceux que sa métropole n'était plus capable de soutenir. Elle fixa presque partout des limites à l'expansion des Grecs ; elle les écarta à jamais du Maghreb. En échange de sa protection, elle imposa aux Phéniciens d'Occident sa suzeraineté. A côté des anciennes colonies, elle en fonda de nouvelles. Le long des rivages de l'Algérie, elle régna sur un grand nombre de villes, qui ont gardé leur nom sémitique jusqu'à leur destruction : Hippo (Bône), Rusicade (Philippeville), Rusuccuru (Taksept), Rusguniæ (Matifou), Cartennæ (Ténès), etc. La domination directe de Carthage ne paraît pas avoir dépassé le littoral. Le territoire

qu'elle s'annexa en Tunisie ne s'étendit guère au-delà du
Kef dans la direction de l'ouest ; Madaure, au sud de
Souk-Ahras, n'en faisait point partie. Ce fut seulement
vers le milieu du troisième siècle qu'elle organisa
une expédition pour s'emparer de Tébessa ; d'ailleurs,
elle ne posséda cette ville que durant cinquante
ans.

Mais elle s'efforça de tenir les princes indigènes
sous sa dépendance, profitant avec habileté de
leurs querelles et n'épargnant pas les subsides.
Masinissa, le plus illustre des rois Numides, fut élevé
à Carthage. Des mariages formaient des liens étroits
entre ces chefs et les principaux membres de l'aristocratie punique. Hamilcar Barca promit sa fille à
Naravase, qui avait porté secours à Carthage, me-
nacée par des soldats en révolte. Un des prédéces-
seurs de Masinissa, Œsalcès, épousa une nièce
d'Hannibal. La fameuse Sophonisbe, fille d'un Has-
drubal, fut fiancée à Masinissa ; elle devint la femme
du roi Syphax et plus tard de ce même Masinissa, qui
la sacrifia, comme on le sait, aux défiances des Romains. Une fille de Masinissa se maria avec un noble
carthaginois. Carthage recrutait parmi les Numides et
les Maures une grande partie de ses mercenaires.
Ces indigènes sont déjà mentionnés dans ses armées
à la fin du cinquième siècle. Les Numides, vêtus
sommairement, armés seulement d'un bouclier rond
et de deux courtes lances, montés sur de petits
chevaux, sans selle ni bride, ne payaient pas de
mine et leurs adversaires se moquèrent d'eux tout
d'abord. Ils aidèrent cependant Hannibal à remporter
ses grandes victoires d'Italie. C'étaient des cavaliers

infatigables comme leurs bêtes, rompus à la guerre
d'embuscades, aussi prompts à fuir qu'à revenir à la
charge, en enveloppant l'ennemi déconcerté. Outre les volontaires que Carthage enrôlait dans les pays
africains, les princes alliés lui amenaient, en cas de
guerre, des contingents nombreux. — Par les villes du
littoral, qui jetaient dans l'intérieur du pays une
foule de produits phéniciens, par l'exemple et par la
volonté des souverains, par les mercenaires qui servaient de longues années dans les troupes de la république et qui retournaient ensuite auprès des leurs,
l'influence et la civilisation de Carthage s'étendirent
sur des régions dont elle ne fit jamais la conquête
matérielle. La langue officielle des rois indigènes fut
le punique, et non le berbère. Ce fut en punique
qu'ils firent rédiger, jusque vers le milieu du premier
siècle avant notre ère, les légendes de leurs monnaies.
Après la ruine de Carthage, ils héritèrent des biblio-
thèques qu'avait épargnées l'incendie allumé par les
soldats romains. La connaissance du punique se répandit chez leurs sujets, surtout dans les territoires
voisins de la province carthaginoise. Au temps de
Saint-Augustin, on le parlait encore aux environs de
Bône et de Guelma. Ce n'était pas à cette époque un
idiome que les savants étudiaient et dont ils aimaient
à faire parade : au contraire, les puristes qui ensei-
gnaient la rhétorique classique affectaient de l'igno-
rer. Il était en usage chez les gens de la campagne,
dont beaucoup ne comprenaient pas le latin : il fallait
des interprètes puniques pour parlementer avec des
paysans révoltés. Autour de Guelma et à Guelma
même, à Constantine, à Mila, on a trouvé des épita-

phes et des ex-voto phéniciens, postérieurs à la chute de l'Etat Carthaginois. Les princes numides donnèrent parfois des noms puniques à leurs enfants : un fils et un petit-fils de Masinissa s'appelèrent Mastanabal et Adherbal. Le peuple fit de même pendant des siècles. Des noms carthaginois, Namphamo, Asdrubal, Barigbal, Bomilcar, etc., se lisent sur des inscriptions latines gravées au pied de l'Aurès, dans les plaines de Sétif et dans les montagnes d'Aumale, c'est-à-dire dans des pays qui n'ont jamais été soumis à Carthage.

Les cités indigènes qui obtinrent de leurs souverains une certaine autonomie reçurent une constitution calquée sur celle des colonies de la côte : ainsi Calama (Guelma) et Cirta eurent comme elles des magistrats appelés suffètes. Quand elles obtinrent le droit de battre monnaie, elles inscrivirent sur leurs pièces des légendes en langue phénicienne. Quelques-unes prirent même des noms puniques : *Cirta*, « la ville », aujourd'hui Constantine ; *Macomades*, « la ville neuve », près d'Aïn-Beïda. Pour l'agriculture, les Africains furent les élèves des Phéniciens ; à leur exemple, ils se mirent à fabriquer du vin et de l'huile. Ils apprirent aussi d'eux à exploiter des mines : avant la conquête romaine, on tirait déjà du cuivre de la province d'Oran. Ils leur empruntèrent une partie de leurs usages. Ils taillèrent comme eux des tombeaux dans le roc. Comme eux, ils surmontèrent leurs sépultures de cippes en forme de caissons arrondis ou de stèles pointues ; comme eux ils construisirent des mausolées à faîte pyramidal. Sous l'influence de Carthage, ils modifièrent leur religion. Le

dieu solaire Ammon avait été adopté par les Phéniciens, qui en avaient fait un dieu sémitique, un Baal,
Baal Hammon. Ils l'avaient adoré selon leurs rites ;
pour le représenter, ils avaient substitué des symbo-
les à l'image du bélier ou du bouc. Ces formes nouvelles d'un vieux culte s'imposèrent aux Africains
eux-mêmes. A Cirta, à Calama, à Milève, ils dressè-
rent des stèles puniques en l'honneur de Baal Hammon. Ils adorèrent aussi l'Astarté phénicienne, la
déesse Céleste. Sous l'empire romain, un dieu dont le
nom même était resté carthaginois, Baliddir, « le Maître puissant », recevait des hommages au Sud de
Constantine et dans le voisinage de Guelma. D'autres
divinités sémitiques se cachaient mal derrière des
noms latins.

La civilisation hellénique s'était introduite dans la
ville de Carthage dès le septième siècle ; pendant les
siècles suivants, elle l'avait envahie à tel point qu'à la
veille de sa disparition la Tyr de l'Occident était à
moitié grecque. Ce fut d'abord par cette porte qu'elle
pénétra dans les pays indigènes. Deux vastes tombeaux élevés par des rois ou des princes numides, le
Medracen, près de Batna, et la Souma, près de Constantine, sont d'une architecture à la fois grecque et
punique : des chapiteaux doriques s'y allient à des
corniches égypto-phéniciennes. Le culte de Déméter
et de Perséphoné, apporté de Sicile à Carthage en
l'année 395 avant notre ère, se répandit à travers
l'Afrique du Nord. Il en fut de même des cultes de
Dionysos et d'Hadès. A l'époque romaine, on adorait
ces divinités sous les noms de *Cereres*, de *Liber
Pater* et de *Pluto*.

III

L'Algérie n'a pas de vrais fleuves qui ouvrent de grandes voies de pénétration. Dans sa partie occidentale, deux longues rangées de montagnes la partagent en des bandes de végétation et d'aspect divers. Le Tell est une suite incohérente de plaines, de vallées et de massifs, formant autant de compartiments distincts. Cette contrée semble avoir été destinée par la nature au morcellement politique. Cependant de nombreux passages s'ouvrent entre ses montagnes. Tous les ans, les nomades des steppes et du Sahara amènent leurs troupeaux dans les pâturages du Tell; ils viennent y échanger des laines et des dattes contre des céréales. Des relations suivies s'établirent de bonne heure entre les indigènes de ces différentes régions. De vastes royaumes s'y fondèrent. Syphax put lever une armée de soixante mille hommes pour combattre Scipion l'Africain; Juba Ier rassembla contre César trente mille fantassins et vingt mille cavaliers. Au second siècle avant Jésus-Christ, Masinissa, Micipsa et Jugurtha régnèrent depuis le Maroc jusqu'à la Tripolitaine.

Ces princes exerçaient, ou du moins prétendaient exercer une autorité absolue; après leur mort, on leur rendait des honneurs divins. Ils gouvernaient les tribus par des vassaux héréditaires, qui prenaient eux aussi le titre de roi ; ils envoyaient des préfets dans les cités. Tous leurs sujets n'étaient pas des barbares. Lors de la destruction de Carthage et peut-être même auparavant, les colonies phéniciennes du littoral avaient dû se soumettre à la domination des souverains maures et numides. A l'intérieur du pays, beaucoup d'anciens refuges avaient été remplacés par des villes. Dans plusieurs d'entre elles, s'élevaient des édifices puniques ou gréco-puniques, palais, temples, mausolées. Des marchands, des artisans grecs et italiens vivaient à Cirta. Ces villes étaient nombreuses surtout dans le Nord de la province de Constantine, mais on en rencontrait aussi quelques-unes loin des côtes : vers l'année 250, Theveste (Tebessa) avait déjà dans ses murs et sur son territoire une population assez forte pour pouvoir livrer trois mille otages à un général carthaginois. Dans le Tell, l'agriculture s'était développée sous la tyrannie bienfaisante de Masinissa ; plus d'une fois, les rois de Numidie envoyèrent aux armées romaines qui faisaient la guerre en Orient, en Sardaigne et en Espagne, des quantités de considérables de blé et d'orge. L'Afrique du Nord était, dès cette époque, la terre fertile en céréales et propre à l'élevage dont parle Salluste. Cette prospérité agricole s'étendait jusqu'à la frontière occidentale de notre Algérie. Le pays des Massésyles, qui comprenait le Tell des provinces d'Oran et d'Alger, les plaines de Bordj-bou-Arréridj et de Sétif, était même plus riche en hommes et en produits du sol que celui des Massyles, qui répondait au reste de la province de Constantine. On vantait la fécondité des femmes indigènes et on prétendait que l'Afrique était la contrée où il naissait le plus de jumeaux,

Quand Scipion Emilien eut brûlé Carthage, en
146, la République romaine s'annexa le territoire que
possédait cette ville avant la dernière guerre punique :
ce n'était que la partie nord-est de la Tunisie. Elle
se soucia d'ailleurs assez peu de sa nouvelle province,
et ne chercha pas à la transformer en un pays latin.
Elle confia la surveillance de ses frontières aux souverains indigènes, auxquels elle laissa le reste de
l'Afrique du Nord. Ces princes devinrent ses vassaux. Masinissa disait humblement qu'il regardait les
Romains comme les véritables propriétaires de son
royaume et qu'il n'en avait que l'usufruit. Il envoyait
au-delà des mers des éléphants et des cavaliers pour
combattre leurs ennemis ; en récompense il recevait des cadeaux et des insignes : couronne d'or,
bâton d'ivoire, chaise curule, toges et tuniques richement brodées. Quand il apprit la conquête de la
Macédoine, il demanda la permission de venir à
Rome pour offrir au Capitole un sacrifice d'actions de
grâces à Jupiter très bon et très grand : le sénat, lui
répondit assez sèchement qu'il pouvait remercier les
dieux chez lui. Tous ses successeurs ne se montrèrent
pas aussi obséquieux. Jugurtha prétendit agir à sa
guise en Numidie. Il fit tuer ses deux cousins
Hiempsal et Adherbal, et s'empara de leur territoire ;
il mit même à mort des marchands italiens qui
avaient soutenu Adherbal. Il acheta les commissaires
qui vinrent de la part du sénat pour lui dicter des ordres. Appelé à Rome, il corrompit les magistrats et il
osa faire assassiner, dans les murs même de cette ville,
un prince indigène dont il craignait la rivalité. On
envoya enfin une armée contre lui : il la vainquit et

la fit passer sous le joug. Il fallut quatre années de campagnes pénibles pour venger cet affront : encore Jugurtha ne tomba-t-il entre les mains de Sylla que par une trahison. Rome ne tira point profit de sa victoire. Elle se contenta de remettre le royaume de Jugurtha à d'autres souverains. Elle paraissait redouter de s'étendre en Afrique. Durant la longue agonie de la République, les rois indigènes prirent part aux guerres civiles et se mirent du côté de Marius ou de Sylla, de César ou de Pompée, d'Octave ou d'Antoine. Juba Ier, le plus puissant d'entre eux, accorda aux généraux du parti pompéien son appui, ou plutôt son orgueilleuse protection, mais il se fit promettre que la province romaine lui serait abandonnée après la défaite de César. Le dictateur débarqua en Afrique et la victoire qu'il remporta à Thapsus mit fin à ce rêve et à la domination de Juba. Pendant cette rapide campagne, un chef d'aventuriers, l'italien Sittius et un roi des Maures, Bocchus, s'étaient jetés sur la Numidie. César récompensa leur utile diversion en donnant la région de Sétif à Bocchus, et Cirta, avec un territoire assez vaste, aux bandes de Sittius. Le pays compris entre Cirta et l'ancienne province devint une province nouvelle, dont firent partie Hippo Regius (Bône) et Calama (Guelma). Quelques années après, Bocchus mourut sans héritier. Son royaume, qui s'étendait depuis l'Atlantique jusqu'au-delà de Djidjelli, fut annexé par Octave. Des colonies de vétérans furent établies sur plusieurs points du littoral et dans les vallées de l'Oued-Sahel et du Chélif. Rome semblait en avoir fini avec ces princes vassaux, qui, quand l'occasion était favorable, essayaient de parler en maîtres.

Il n'en fut rien cependant. Octave rendit d'abord à Juba II, fils de Juba Ier, une partie des possessions de son père ; puis, en l'an 25 avant Jésus-Christ, il lui confia l'ancien royaume de Bocchus. Juba du moins ne donna prise à aucun reproche pendant le demi siècle que dura son règne. Emmené en Italie, à l'âge de cinq ans, après la bataille de Thapsus, il avait figuré au triomphe de César ; son enfance et sa jeunesse s'étaient écoulées auprès d'Octave-Auguste, qui l'avait fait élever dans le respect de Rome. Il prit le nom de son protecteur, C. Julius. En l'honneur de l'empereur, il appela sa capitale Cæsarea. Il y dédia un temple à la divinité d'Auguste. Les lettres le consolèrent de son étroite dépendance et de l'insubordination d'une partie de ses sujets. Plutarque disait de lui, peut-être avec une pointe d'ironie, que, parmi les rois, nul ne l'avait surpassé comme historien. Il fut aussi géographe, naturaliste, grammairien, critique d'art et même poète. Il fit des livres sur l'histoire de Rome, depuis sa fondation jusqu'à la mort d'Auguste, sur les institutions romaines, sur l'Arabie, sur les Assyriens, sur la Libye, sur la peinture, sur le théâtre, sur les plantes médicinales : cet Africain s'avisa même de composer un traité sur les causes de la corruption du langage grec. La civilisation hellénique, qui, depuis longtemps déjà, s'était emparée de Rome, régna avec Juba à Cæsarea. Ce fut en grec qu'il écrivit ses doctes compilations, ce furent des traditions et des coutumes grecques qu'avec assez peu de critique, il prétendit retrouver dans l'histoire primitive de Rome et de l'Afrique septentrionale. Athènes

l'en récompensa en lui élevant une statue. Il fit venir
des pays grecs des savants, des artistes et même des
acteurs. Il construisit dans Cæsarea de somptueux
édifices, qu'il orna de statues copiées sur les chefs-
d'œuvre de l'art hellénique. — Son fils Ptolémée
n'hérita pas de ses goûts studieux ; il abandonna le
gouvernement à des favoris et mena une vie de
débauche. L'empereur Caligula l'ayant invité à venir
le voir à Rome, Ptolémée s'y rendit avec empressement, mais, par son faste, il s'attira la jalousie de son
cousin (le roi et l'empereur descendaient d'Antoine
le triumvir). Un jour, qu'il parut avec lui au théâtre,
son superbe manteau de pourpre excita les murmures
d'admiration du peuple. Caligula furieux le fit jeter
en prison, l'affama, ne lui laissa à boire que l'eau des
gouttières et finit par le mettre à mort. Il y eut
peut-être dans ce crime autre chose que l'acte d'un
fou. La Maurétanie semblait mûre pour une annexion
définitive, que les lieutenances de Juba et de Ptolémée
avaient préparée. Elle fut partagée en deux provinces,
dont l'une, la Tingitane, répondait au Maroc actuel
et dont l'autre, la Césarienne, embrassait le nord des
départements d'Alger et d'Oran et la partie occidentale
du département de Constantine. Désormais, les Romains
purent, avec une entière vérité, appeler la Méditerranée leur mer : ils en possédaient toutes les côtes.

IV

On voit après combien d'hésitations ils s'établirent dans la contrée que nous nommons aujourd'hui l'Algérie. Quand ils franchirent la dernière étape de cette longue conquête, en l'an 40 après Jésus-Christ, il y avait déjà près de deux siècles que Scipion Emilien avait débarqué sur le littoral africain pour détruire Carthage.

L'occupation fut d'abord assez restreinte. Sous Auguste, le principal camp de l'armée permanente avait été placé à Tébessa, de manière à couvrir à la fois le territoire de Cirta et la province dite proconsulaire, c'est-à-dire la Tunisie. Une légion, la *III Augusta*, y séjournait. A l'Ouest de ce point, la frontière militaire ne dépassa pas, pendant tout le premier siècle, la lisière septentrionale de l'Aurès. Elle se dirigeait ensuite vers le nord ouest, par les plaines de Sétif et de la Medjana, pour atteindre peut-être Aumale. De là, elle courait vers l'occident par Berrouaghia et la vallée du Chélif ; puis elle coupait la Mina vers Relizane, l'Habra à Perrégaux, le Sig à Saint-Denis ; à l'extrémité du département d'Oran elle se rapprochait encore plus de la Méditerranée, dans laquelle elle tombait à l'embouchure de la Moulouïa. Le Rif marocain restait en effet indépendant, et c'était par mer que l'on se rendait à Tanger. Cette ligne de défense n'enfermait même pas tout le Tell. Plus tard, les Romains l'avancèrent, mais par nécessité et comme à regret. Au delà des provinces, vivaient, dans les massifs montagneux et dans les steppes, des indigènes encore barbares, qui épiaient les occasions de se jeter sur les terres de culture et sur les villes pour les piller. Il fallut les combattre, venger leurs razzias par d'autres razzias, soumettre une partie d'entre eux, fermer les passages qui ouvraient l'accès du Tell. Peu après l'année 100, la frontière fut portée au Sud de l'Aurès, que l'on entoura d'un cercle de forts et qui ne fut cependant complètement pacifié qu'au bout de cinquante ans environ. La légion vint s'établir à Lambèse, au nord-ouest de ce massif et à l'extrémité du long défilé qui mène des Ziban à la région de Batna. Au début du troisième siècle, les Ziban faisaient partie de l'empire. La ligne militaire touchait l'Oued-Djedi, au sud-ouest de Biskra ; puis elle se repliait vers le nord-ouest, traversait les monts du Zab, coupait l'Oued-Chaïr à El-Gara, passait sans doute vers Bou-Saada, protégeait le Hodna du côté de l'occident, arrivait à Grimidi, à neuf lieues au Sud d'Aumale, et dès lors couvrait le Tell algérois et oranais, en passant par Boghar, Letourneux, Tiaret, Frenda, Ténira, Chanzy, Lamoricière, Tlemcen et Lalla-Marnia. Un fossé marquait la limite ; par derrière, il y avait peut-être une jetée de terre ou des palissades. Une voie reliait les postes, les forts. les camps permanents échelonnés sur la ligne. Au delà de cette frontière, les Romains occupèrent çà et là des points stratégiques : ainsi, ils établirent une série de postes au sud du Hodna, dans la vallée de l'Oued-Chaïr et dans le couloir formé par le djebel Bou-Kaïl et les montagnes qui bordent la rive gauche de l'Oued-Djedi ; ils s'avancèrent de ce côté jusqu'à une trentaine de kilomètres de Laghouat. En résumé, ils n'atteignirent le Sahara qu'au sud et au sud-ouest de l'Aurès et ils laissèrent en dehors de leur ligne militaire les steppes des provinces d'Alger et d'Oran.

Les troupes qui eurent à défendre l'Algérie, et aussi la Tunisie, ne furent pas très nombreuses. Elles comprenaient une légion, de 5.500 soldats, et des corps auxiliaires d'infanterie et de cavalerie, formant un total d'environ 15.000 hommes. En cas de besoin, on ordonnait aux chefs des tribus de fournir des contingents, nous dirions aujourd'hui des goums. Ce n'était que par exception qu'on demandait des détachements aux armées d'Europe ou d'Asie. La plupart des soldats qui servirent d'abord dans la légion et dans les troupes régulières étaient nés au delà des mers : ainsi, il y avait, sous les premiers empereurs, beaucoup de Gaulois dans la *III Augusta*. Mais, dès cette époque, on commença à lever les légionnaires en Afrique et, à partir du second tiers du deuxième siècle, ce fut exclusivement dans ce pays qu'on les recruta. Les uns venaient des territoires des cités romaines, les autres, dont le nombre augmenta d'année en année, étaient des fils de soldats de la légion. Les corps auxiliaires paraissent avoir été recrutés pendant plus longtemps à l'étranger, mais il est probable qu'au troisième siècle, ils étaient formés, en partie du moins, d'éléments indigènes. Ainsi la défense de l'Afrique fut confiée surtout à des Africains. Ces soldats, qui étaient pour la plupart des volontaires, faisaient vingt-cinq ans de service. Ils avaient d'ordinaire des compagnes et, vers l'année 200, Septime Sévère les autorisa à vivre d'une manière permanente avec elles, en dehors des camps, qui ne furent plus guère que des places d'exercice, des arsenaux et des magasins. Ils touchaient une solde assez élevée. A leur retraite ils recevaient les sommes qu'ils avaient versées dans les caisses d'épargne militaires et une pension qui leur assurait une existence honorable.

Beaucoup de vétérans s'établissaient dans le voisinage des lieux où ils avaient tenu garnison. Les empereurs leur donnaient des terres et même du bétail et des esclaves, ils les exemptaient des impôts, mais à condition que leurs fils s'enrôleraient à leur tour. Ceux-ci furent d'abord envoyés dans les corps, puis ils obtinrent de rester sur le champ paternel. Il se forma ainsi aux frontières une classe de soldats-colons, qui eurent pour mission de barrer le passage aux envahisseurs. Les troupes régulières subsistaient cependant au milieu de cette population armée. La zone frontière fut partagée en un certain nombre de districts, à la tête desquels on plaça des commandants, appelés *præpositi limitum*. Au delà de cette zone, l'empereur étendait sa suzeraineté sur les tribus indigènes, il donnait le manteau d'investiture et des subsides à leurs chefs, et leur imposait l'obligation de couvrir les limites dont ils étaient voisins. Ce système de défense n'était sans doute pas mauvais, puisque la frontière établie au début du troisième siècle put être maintenue jusqu'à la chute de l'empire et même pendant une partie de la période vandale.

Il ne semble pas que beaucoup d'étrangers se soient

fixés en Algérie sous la domination romaine. L'Italie
se dépeuplait de plus en plus : elle ne pouvait pas
fournir un fort contingent d'émigrants. Les soldats
de Sittius, qui reçurent de César le territoire de
Cirta, étaient, il est vrai, des Italiens et des Espa-
gnols. Un peu plus tard, Auguste établit six colonies
sur la côte, à Cartennæ (Ténès), à Gunugu (Gouraya),
à Rusguniæ (Matifou), à Rusazu (en Kabylie), à Sal-
dæ (Bougie), à Igilgili (Djidjelli) et deux autres dans
l'intérieur du pays, à Zucchabar (Miliana) et à Tubusuctu (au sud-est de Bougie) : il y envoya des vétérans qui, pour la plupart, devaient être originaires de
la péninsule italique. Sous Claude, sous Vespasien ou
un de ses fils, enfin sous Nerva, d'autres colonies
d'anciens soldats furent fondées à Oppidum Novum
(Duperré, sur le Chélif), à Madauri (au sud de Souk-
Ahras), à Sitifis (Sétif). Mais ce fut tout, ou à peu
près tout, pour le nord de l'Algérie. Sauf Oppidum
Novum, « la ville neuve », ces colonies portent des
noms phéniciens ou berbères, et nous savons d'une
manière certaine, pour plusieurs d'entre elles, que ce
ne furent pas des villes nouvelles : on se contenta
d'envoyer des citoyens romains dans des centres puniques et indigènes. L'État ne créa pas de villages de
de colonisation : d'ailleurs, au point de vue politique,
les villages n'existaient pas pour Rome ; elle ne con-
naissait officiellement que des cités, avec un territoire
et un chef-lieu. Nous avons dit que, dès le second
siècle, la légion se recruta en Afrique même. Les
étrangers qui vinrent spontanément dans cette contrée, pour y chercher fortune, furent-ils très nombreux ? Rien ne le prouve. Il est impossible de retrou-

ver dans les noms des hommes et des lieux, dans les mœurs, dans les cultes, les traces profondes qu'aurait dû laisser une population considérable, émigrée des autres provinces de l'Empire.

Il y avait fort peu de fonctionnaires. Les Romains n'eurent jamais la manie d'administrer ceux qu'ils jugeaient capables de s'administrer eux-mêmes. Les communes de citoyens élisaient annuellement leurs magistrats, qui géraient la fortune publique, veillaient à l'entretien des voies, des aqueducs et des édifices, recueillaient les impôts et les taxes, maintenaient l'ordre, rendaient la justice ; un conseil municipal ou conseil des décurions les assistait et les contrôlait. Pour devenir décurion, il fallait posséder un minimum de fortune, fixé par la loi. Les dignités étaient onéreuses : les élus avaient à verser dans la caisse publique une somme honoraire, sorte de don de bienvenue ; ils exerçaient gratuitement leurs fonctions et étaient responsables de leur gestion financière. Aussi le gouvernement des cités appartenait-il à une aristocratie assez peu nombreuse. Les territoires de ces communes étaient souvent très vastes. Celui d'Hippone s'étendait jusqu'à trente-deux kilomètres de la ville à l'ouest et à plus de cinquante kilomètres à l'est. Le pays donné à Sittius comprenait, sous le Haut Empire, les quatre colonies de Cirta, de Rusicade (Philippeville), de Chullu (Collo), de Milev (Mila), et un grand nombre de districts, avec des villes : c'était presque un Etat. — Les anciennes cités berbères et phéniciennes avaient aussi des magistrats, uniques ou au nombre de deux, et des corps de notables. Les tribus indigènes étaient commandées

et administrées par des chefs, pour la plupart héréditaires, qui consultaient des assemblées d'anciens ; on
appelait d'ordinaire ces chefs préfets ou princes, et ils
se donnaient parfois le titre de roi. Des personnages de
l'aristocratie sénatoriale et surtout l'empereur, possédaient d'immenses propriétés, indépendantes des communes : véritables domaines seigneuriaux qui avaient
leur vie propre. D'ordinaire, un intendant y repré-
sentait le maître. Il faisait la police ; il présidait aux
travaux d'aménagement, d'embellissement ou de défense ; il servait d'arbitre entre les fermiers, qui
payaient un loyer au propriétaire, et les cultivateurs
libres, sous locataires, qui versaient une part déter-
minée de leurs récoltes aux fermiers. Ces cultivateurs
se choisissaient des chefs, chargés de la défense de
leurs intérêts.

Le gouverneur n'intervenait régulièrement dans
les affaires des cités romaines que pour juger les
procès les plus importants et les causes crimi-
nelles, et pour vérifier la comptabilité. Ses droits
de contrôle sur les autres communes étaient plus
étendus. Des préfets militaires surveillaient les tribus
et leur transmettaient les ordres du gouverneur. Des
agents de l'empereur réglaient les questions de déli-
mitation et établissaient le cadastre avec le concours
des autorités locales. Les impôts étaient pour la plupart affermés ou levés par les soins des communes :
quelques fonctionnaires s'occupaient d'assurer leur
rentrée, et ordonnançaient les dépenses d'empire.
D'autres recrutaient des soldats, mais cette charge
des provinciaux était beaucoup allégée par les enga-
gements volontaires.

V

Nous croyons avoir assez montré que l'Algérie n'attendit pas la conquête romaine pour s'ouvrir à la civilisation. Mais il est certain que cette conquête eut pour elle des effets bienfaisants. La population sédentaire s'accrut beaucoup dans la zone militaire, située au sud du territoire de Cirta. Auprès des camps permanents, les commerçants et les familles des soldats se fixèrent d'abord dans des baraquements, que remplacèrent ensuite des constructions plus durables. Beaucoup de vétérans reçurent dans le voisinage des terres qu'ils cultivèrent. Leur exemple attacha au sol les indigènes du pays, qui, jusqu'alors, avaient été pour la plupart nomades. Des villes s'élevèrent dans des lieux auparavant déserts, ou occupés seulement par des marchés, des hameaux ou des refuges : Mascula, Bagai, Thamugadi, Verecunda, Lambæsis, Diana Veteranorum, Lamasba, etc, au nord et au nord-ouest de l'Aurès ; Gemellæ, Ad Badias, Ad Majores, sur la lisière septentrionale du Sahara. Les soldats furent même employés à les construire : ce fut la troisième légion qui fonda Thamugadi. On pensa que le voisinage des troupes impériales était suffisant pour garantir leur sécurité. Thamugadi et Diana n'étaient pas fortifiées et s'étendaient en plaine. Parmi ces villes, quelques unes reçurent tout de suite une constitution municipale romaine, d'autres l'attendirent plus ou moins longtemps, presque toutes l'obtinrent. Plusieurs d'entre elles devinrent très prospères : Lambèse et Diana ont laissé de belles ruines ; Timgad ressuscité est un témoignage glorieux de l'œuvre civilisatrice de Rome dans le sud de l'Algérie. Des centres romains, moins nombreux, il est vrai, et moins brillants, se formèrent aussi le long des deux frontières qui furent établies successivement dans la Maurétanie Césarienne.

En arrière de ces zones militaires qui les protégeaient, les provinciaux purent travailler en paix. Jusqu'au milieu du troisième siècle, la sécurité des habitants de la Numidie septentrionale semble n'avoir jamais été sérieusement troublée. Il n'en fut pas tout à fait de même en Maurétanie, où toutes les villes durent élever des remparts pour se défendre contre les descentes des pirates du Rif marocain ou les razzias des brigands de l'intérieur. Mais, de longues années de calme suivaient les crises. L'Afrique du Nord devint la plus riche contrée agricole de l'Occident.

On s'est souvent demandé si la principale cause de cette prospérité ne fut pas un climat plus favorable à la culture que celui d'aujourd'hui. Nous ne disposons pas des informations nécessaires pour répondre avec certitude à cette question. Il ne semble point cependant que les pluies aient été plus fréquentes dans l'antiquité, que la saison sèche ait été plus courte. Les lacs du centre de la province de Constantine n'étaient pas plus étendus : les ruines qui bordent leurs rives actuelles le prouvent. Les ponts romains qui subsistent çà et là sur les rivières ne furent pas construits pour traverser des lits plus larges, ni pour résister à des courants plus forts. Il est vrai que, depuis l'invasion arabe, les incendies allumés par les hommes et les ravages faits par la dent des bestiaux ont beaucoup déboisé le pays. Les vastes vergers ont disparu ; il n'est plus resté que quelques débris des immenses plantations d'oliviers. Cette diminution des forêts, naturelles ou artificielles, a eu pour conséquence un ruissellement plus rapide des pluies et une plus grande irrégularité dans le débit des sources. Mais, dès les temps anciens, le régime des eaux laissait fort à désirer. Il est probable que, comme aujourd'hui, les pluies tombaient abondamment sur le littoral, mais seulement pendant six ou sept mois de l'année, et que, plus au Sud, elles étaient rares. Les textes grecs et latins parlent fréquemment de la sécheresse de l'Afrique ; ils mentionnent quelques disettes causées par l'absence de pluies.

Partout nous retrouvons des vestiges de travaux hydrauliques. Beaucoup ont dû être faits avant la conquête romaine, mais on les entretint avec soin et on les multiplia sous l'empire. Les sources furent aménagées, et des aqueducs, dont le parcours était quelquefois long de plusieurs lieues, conduisirent l'eau potable aux centres habités. Chaque maison, chaque ferme eut sa citerne, plus ou moins spacieuse, d'une construction si solide qu'elle s'est souvent maintenue intacte jusqu'à nos jours. Des puits furent creusés : il en existe encore des centaines au Sud de Sétif et au Nord de l'Aurès. On perça des puits artésiens dans les oasis. On établit de petits barrages dans les ravins des montagnes et d'autres, plus importants, dans les vallons et à l'entrée des plaines : la course du liquide était ainsi ralentie et les eaux des pluies torrentielles, au lieu de se perdre en quelques heures après avoir ravagé les champs, s'emmagasinaient dans ces bassins de retenue, échelonnés habilement de manière à empêcher de trop fortes poussées. Des canaux, des rigoles, que pouvaient fermer des vannes, amenaient l'eau dans des réservoirs à ciel ouvert, où les troupeaux venaient boire, et sur les terrains à humecter. « L'Abigas, dit l'historien Procope, sort du mont « Aurès ; parvenu dans la plaine, il arrose la terre « comme le veulent les habitants, car ils dérivent « ce cours d'eau de la manière qu'ils croient leur « être la plus avantageuse ; ils ont creusé un grand « nombre de canaux, dans lesquels l'Abigas est « réparti ; il coule sous le sol, puis reparaît, réunissant ses eaux. Ainsi, dans la plus grande partie de « la plaine, cette rivière se trouve être à la disposition des habitants, qui ferment les canaux par des « digues ou les ouvrent ensuite, de manière à se « servir des eaux comme il leur plaît. » Des réglements minutieux fixaient l'usage de l'eau. On en a retrouvé un à Lamasba, au nord-ouest de Batna ; il indique le nombre des oliviers et des arbres fruitiers que possédait chaque cultivateur, ainsi que le chiffre des heures d'arrosage auxquelles il avait droit. L'auteur d'un petit traité de législation agraire fait cette juste remarque : « En Italie et dans quelques « provinces, vous causez un dommage sérieux à

« votre voisin, si vous faites pénétrer l'eau dans son
« champ, en Afrique, au contraire, si vous l'empê-
« chez de passer. » Ces travaux furent exécutés par
des communes, des associations, des particuliers, et
non point par l'État. L'existence, dans beaucoup
d'endroits, de grandes propriétés en rendit l'exécu-
tion plus facile.

Le plus souvent, l'aménagement des eaux couran-
tes eut pour objet la consommation des hommes et
des bestiaux, l'entretien des potagers et des vergers
que l'on créait auprès des habitations, l'arrosage des
jeunes plants d'oliviers. On ne chercha pas à forcer
la nature, à faire de vastes cultures irriguées là où
l'eau était insuffisante. On disait bien en Afrique que
la terre ne devait pas être plus forte que le cultivateur, mais on savait varier les modes d'exploitation
selon les diverses qualités des sols. Les plaines dénu-
dées de la Numidie septentrionale, de Sétif, de la
Medjana, la lisière de l'Aurès, dont la masse attire et
arrête les pluies, portèrent de riches moissons de blé
et d'orge. Le sol, saturé de phosphates de chaux,
était d'une fertilité merveilleuse ; ces réserves d'acide
phosphorique ont été peu à peu absorbées: aussi le
poids des grains a-t-il diminué en Afrique depuis
l'époque romaine. La terre, en général très friable,
se laissait facilement sillonner par des charrues fort
simples, semblables à celles dont se servent aujour-
d'hui les indigènes. Les récoltes étaient conservées
dans des silos, dans des greniers, ou apportées à la
côte et embarquées pour l'Italie. Au Nord de l'Aurès,
entre Sétif et Batna, dans le Hodna, dans les vallées
de l'Oued-Sahel, de l'Oued-Sebaou et du Chélif, les

oliviers et les autres arbres fruitiers plongeaient leurs racines dans la couche humide que recouvre la croûte desséchée du sol ; ils formaient de véritables forêts : partout des pressoirs à huile attestent l'antique fécondité de ces régions. Dans les pays de montagne, des murs de soutènement bordaient des terrasses, sur lesquelles on plantait aussi des oliviers, des figuiers, des amandiers, des vignes. Ces cultures arbustives s'étendirent beaucoup sous la domination romaine. Les empereurs et les grands propriétaires les favorisèrent, en accordant des exemptions de redevances, pendant un certain nombre d'années, à ceux qui créaient sur leurs terres des vignobles, des vergers, des olivettes et qui greffaient des oliviers sauvages. Un droit de possession héréditaire était reconnu aux colons qui défrichaient des terres incultes ; un prince de la fin du second siècle les dispensa de tout impôt pour une période de dix ans. On faisait à Rome grand usage d'huile africaine. Des débris de jarres, retrouvées au bord du Tibre, portent la marque de Tubusuctu, ville de la vallée de l'Oued-Sahel. Il est vrai que cette huile n'était pas très estimée : les Africains la fabriquaient avec peu de soin ; ils visaient plus à l'abondance de la production qu'à la qualité. Les vignes numides, qu'on évitait d'exposer au midi, à cause de l'ardeur du soleil, donnaient des rendements considérables. Les raisins secs, les figues, les noix, les amandes d'Afrique figuraient sur les tables des gourmets.

Depuis longtemps cette région était célèbre comme pays d'élevage. On y rencontrait déjà les moutons à grosse queue et à queue fine et la petite race bovine, dite de Guelma, qui y vivent encore de nos jours. On appréciait les ânes de Maurétanie, de petite taille et d'allure rapide. On vantait surtout les chevaux africains : « Prenez, dit un poète de Carthage, Némésien, « un cheval venant de la terre de Maurétanie ; que « ce soit un pur sang élevé dans les plaines désertes « et habitué à supporter la fatigue. Sa tête est laide, « son ventre est difforme ; il ne connaît pas le frein ; « de sa crinière il fouette ses épaules. Que cela ne « vous inquiète pas ; car il se laisse facilement con- « duire : dès que la verge flexible touche son cou « nerveux, il obéit. Un coup le met au galop, un « autre coup l'arrête. Il se précipite à travers la « vaste étendue de la plaine qui s'ouvre devant lui ; « dans son élan rapide, ses forces s'accroissent et son « sang bouillonne. Bientôt il laisse derrière lui ses « rivaux jaloux... C'est seulement avec les années « qu'il prend pleine confiance en lui-même pour « accomplir de longues courses, mais jusqu'à un âge « avancé, il garde sa vigueur juvénile. Son ardeur ne « l'abandonne que quand son corps usé refuse de le « servir. » De riches propriétaires possédaient des haras où ils élevaient des chevaux de course. Ils les faisaient représenter sur les mosaïques de leurs villas ; ils accompagnaient même ces images de flat- teries adressées à leurs animaux favoris : « Tu sautes « haut comme une montagne ! — Que tu sois vain- « queur ou non, nous t'aimons, Polydoxe ! » Les che- vaux numides et maurétaniens remportèrent de nom- breuses victoires sur les hippodromes de Rome. L'épitaphe d'un jockey mauro nous apprend qu'il courut 686 fois en dix ans, qu'il obtint 46 fois le premier prix, 130 fois le second, 111 fois le troisième et qu'il gagna plus d'un million et demi de sesterces.

De grandes routes sillonnaient le pays et servaient aussi bien aux transactions commerciales qu'aux mouvements des troupes. L'une d'elles longeait tout le littoral, une autre toute la frontière. Une troisième, venant de Carthage, passait par Constantine, Sétif, Aumale et la vallée du Chélif; plusieurs tronçons, qui lui étaient presque parallèles, la doublaient en Numidie et dans l'est de la Maurétanie. Ces artères, dirigées de l'Orient à l'Occident, étaient reliées par de nombreuses voies transversales. Un tel réseau de routes donnait, dans une certaine mesure, aux diverses régions de l'Algérie la cohésion que la nature leur a refusée.

L'Afrique de Nord était alors très peuplée. Autour de Tébessa, de Khenchela, d'Aïn-Beïda, de Sétif, de Tiaret, il y avait autant de fermes et de villages que la Bourgogne ou l'Ile-de-France en comptent aujourd'hui. On y vivait vieux. Dans les premiers temps de notre occupation, l'Algérie fut souvent accusée d'insalubrité : des archéologues ont répondu à ce reproche en dressant, à l'aide des épitaphes latines, de longues listes de centenaires. Il faut dire pourtant que, sur une inscription d'Aumale, on félicite une femme d'avoir pu vivre quarante ans sans perdre les fièvres, et qu'au temps de Saint-Augustin, l'air d'Hippone, sa ville épiscopale, était assez malsain en été. Mais les Africains passaient, d'une manière générale, pour des gens bien portants et vigoureux. Leur mortalité ne paraît pas avoir été inférieure à celle des autres sujets de l'Empire. Si des auteurs, italiens ou gaulois, leur reprochent leur cruauté, leur perfidie, leur sensualité, leur ivrognerie, leur passion pour le jeu et pour les spectacles, des centaines d'inscriptions funéraires célèbrent la fidélité conjugale, l'affection paternelle, la piété filiale. « J'ai observé, faisait-on « dire à une morte, la chasteté et la soumission que « la femme doit à son mari ; je n'ai aimé que lui ; de « pauvre qu'il était, je l'ai fait riche, en gardant ses « épargnes, en travaillant, en obéissant. » Sur une urne cinéraire de Cherchel, des parents ont fait graver ces mots : « Ici est enfermé tout ce qui fut notre « douceur et notre affection. ». Ailleurs, nous lisons cette courte épitaphe, qui a presque une saveur chrétienne « Birzil, douce âme ! » Les cultes païens eux-mêmes n'étaient pas tout à fait étrangers aux sentiments moraux. Le seuil d'un sanctuaire de Lambèse était orné de ce précepte : « Entre bon, sors meilleur ! »

L'époque la plus heureuse pour la Numidie et la Maurétanie fut la fin du second siècle et la première moitié du troisième. Septime Sévère, né en Afrique, et son fils Caracalla comblèrent de faveurs leurs compatriotes : d'innombrables dédicaces attestent la reconnaissance que ceux-ci leur vouèrent. Tertullien de Carthage faisait alors de l'empire romain cette description, qui doit être appliquée surtout à l'Afrique : « Jetons les yeux sur l'Univers. De jour en jour, il « devient mieux cultivé et plus riche. Tous les pays « sont accessibles, tous sont connus, tous s'ouvrent « au commerce. De riants domaines ont remplacé les « déserts lugubres, les champs ont dompté les forêts, « les bestiaux ont mis en fuite les bêtes fauves, les

« sables sont ensemencés, les arbres croissent sur les
« rochers, les marais sont mis à sec ; il y a aujour-
« d'hui autant de villes qu'il y avait autrefois de caba-
« nes... Partout des maisons, partout des popula-
« tions, partout des communes, partout la vie. Ce qui
« prouve le mieux l'accroissement du genre humain,
« c'est que nous sommes à charge au monde, les élé-
« ments nous suffisent à peine, les nécessités devien-
« nent plus pressantes. De toutes les bouches sort
« cette plainte : la nature va nous manquer ! » Il y a
sans doute bien des exagérations dans cette tirade
d'un rhéteur ; elle n'en est pas moins un témoignage certain de la prospérité de son pays natal.

VI

Les mœurs, les institutions, la langue des Romains
se répandirent en Algérie. Les villes puniques du littoral étaient soumises depuis longtemps aux rois indigènes : elles obéirent de même à leurs nouveaux
maîtres. Les cités berbères, les habitants des plaines
acceptèrent sans révolte la conquête latine. Les anciens n'ont point connu les haines de races ; les païens
ont ignoré l'intolérance religieuse. Rome respecta les
constitutions municipales, les lois, les usages. Elle
assura ou s'efforça d'assurer la paix. Elle ouvrit à
l'agriculture africaine des débouchés. Les gouverneurs, les agents financiers, les gens de guerre furent
surveillés par le pouvoir central, qui, en général,
réprima les abus. Les assemblées provinciales, réunies pour le culte des empereurs, purent se plaindre
des exactions. Les justiciables eurent le droit de faire
appel au prince. — Sans chercher par des mesures vio-
lentes et hâtives à transformer les Africains malgré
eux, Rome prit des mesures qui favorisèrent leur
assimilation. Elle n'admit pas d'autre langue officielle
que la sienne. « L'État romain, qui sait commander,
« dit Saint-Augustin, a imposé aux peuples domptés
« non-seulement son joug, mais encore sa langue. »
Ce fut en latin que l'on dut écrire au prince et à ses
fonctionnaires, ce fut en latin que ceux-ci rendirent

la justice. Les empereurs divinisés et l'empereur vivant furent adorés dans les villes indigènes et dans les tribus, aussi bien que dans les communes de citoyens, et il est à croire que ce culte, gage de loyalisme, ne s'établit point partout d'une manière spontanée. Une fois par an, des délégués venaient de tous côtés pour le célébrer dans les capitales des provinces.

Les colonies de vétérans que l'État fonda en Afrique furent des foyers de civilisation latine, d'où les mœurs du peuple conquérant rayonnèrent. Le droit de cité romaine fut accordé aux soldats qui servirent dans les troupes auxiliaires, ainsi qu'à de nombreux particuliers. Peu à peu, les villes africaines parvinrent à la condition de municipes latins ou romains, qui transforma leurs habitants en demi-citoyens ou en citoyens complets. Quelques unes obtinrent le titre plus élevé de colonie et l'exemption de l'impôt foncier. Des tribus reçurent une constitution municipale. Vers le début du troisième siècle, Caracalla conféra le droit de cité à tous les hommes libres vivant sur des territoires organisés en communes. Beaucoup de magistrats municipaux furent admis dans l'ordre des chevaliers : ils purent devenir officiers supérieurs et exercer dans l'empire d'importantes fonctions administratives et financières. Leurs fils ou leurs descendants entrèrent souvent dans la classe sénatoriale, qui formait une aristocratie héréditaire et à laquelle étaient réservés les vieilles magistratures de l'État, les hauts commandements, le gouvernement de la plupart des provinces. Rome n'interdit aucun espoir à l'ambition de ses sujets : elle établit seulement des échelons qu'ils durent lentement franchir. D'ordinaire, la commune berbère ou punique ne fut érigée en colonie qu'au bout d'un grand nombre d'années et après avoir traversé les degrés intermédiaires ; l'élévation d'une famille fut l'œuvre d'une suite de générations.

Ce fut du reste par leur volonté, plus encore que par celle de Rome, que beaucoup d'Africains devinrent Romains. Ils subirent l'attrait de la civilisation supérieure que les colonies établies au milieu d'eux leur plaçaient sous les yeux. Ils recherchèrent les satisfactions d'amour propre et les avantages réels que donnait le titre de citoyen ; quand il l'avaient obtenu, ils s'en paraient avec orgueil ; ils avaient soin de le mentionner sur les tombes : « *civitatem romanam consecutus.* » Ils quittaient la tunique courte et le manteau de laine pour la toge. Souvent, ils n'attendaient pas la concession du droit de cité pour prendre un nom latin. Les Mattanbaal et les Baric traduisaient ces noms phéniciens et se faisaient appeler Donatus et Felix ; d'autres allaient plus loin et se décoraient du prénom, du nom et du surnom qui, officiellement, étaient les marques distinctives des citoyens : le pouvoir impérial dut leur interdire cette usurpation.

Sans faire oublier le berbère et le punique, l'usage du latin devint de plus en plus fréquent. Beaucoup de gens, il est vrai, le prononçaient mal, ils employaient des expressions incorrectes, empruntées parfois aux idiomes anciens ; certaines inscriptions funéraires, gravées dans les campagnes, fourmillent de fautes de syntaxe et d'orthographe. Elle prouvent du moins l'empressement des indigènes à adopter le parler des vainqueurs et leur désir de paraître romains. Plus tard, le développement du christianisme contribua à la diffusion du latin, la seule langue que l'église d'Afrique ait admise dans sa liturgie.

Des écoles s'ouvrirent dans les villes : celles de Cirta et de Madauro étaient célèbres. Ce furent les communes qui les fondèrent ; l'Etat se contenta de ratifier les nominations des maîtres et de leur accorder des exemptions d'impôt. On y étudiait les classiques latins et même les vieux auteurs, Plaute, Caton, Lucilius, qu'un Cirtéen, Fronton, avait remis à la mode sur les bords du Tibre. On y apprenait surtout les vers de Virgile, qui resta populaire à l'époque chrétienne : vers la fin du quatrième siècle, un clerc de Tipasa cousait tant bien que mal quelques bribes de l'Enéide pour composer la dédicace d'une église. La grammaire et la métrique étaient en honneur. On enseignait le grec. Si Saint-Augustin regrettait de le connaître imparfaitement, un grammairien de Thamugadi unissait, au dire de ses concitoyens « l'élo-« quence attique à l'éclat latin » ; une épitaphe de Sétif vantait un jeune homme, « parfaitement instruit « dans les arts libéraux supérieurs et dans les études « littéraires des deux langues, doué en outre d'une « excellente éloquence. » De ces écoles sortaient des rhéteurs, des médecins, des légistes ; Juvénal appelait l'Afrique la nourrice des avocats. — Pendant plusieurs siècles, ce pays eut, sinon une littérature propre, à physionomie nettement distincte, du moins un grand nombre de littérateurs, originaires les uns de la province proconsulaire, les autres de la Numidie et même de la Maurétanie Césarienne. Leurs œuvres furent en général médiocres. Nouveaux venus dans les lettres latines, ils ne voulurent pas être qualifiés d'intrus. Ils firent volontiers parade de leur érudition et de leur adresse à manier la langue. Ils furent pédants et précieux. Ils négligèrent le fond pour la forme ; ils se fatiguèrent à de vains jeux d'esprit, acrostiches, calembours, assonances ; ils aimèrent les antithèses, les phrases symétriques, les traits, les termes rares ; ils accumulèrent les mots pour exprimer quelques idées banales. L'enflure africaine rivalisa avec l'emphase asiatique. Le plus célèbre de ces écrivains fut Apulée de Madaure. Il honora, comme il le disait lui-même, les neuf muses avec une égale ferveur. Dévot mystique du culte d'Isis, philosophe platonicien, avocat, romancier, poète, médecin, naturaliste, et même magicien, « il but à toutes les coupes. » Il fut surtout un conférencier illustre, que les villes d'Afrique se disputèrent. Il captiva les foules par sa beauté et par l'élégance de son maintien, autant que par son savoir universel et son éloquence brillante et colorée. On lui éleva des statues, et il devint l'auteur favori de ses compatriotes ; les chrétiens même le lurent et l'imitèrent. Son roman, *L'âne d'or*, a mérité de rester classique : Apulée a su y rajeunir de vieux contes grecs par sa verve spirituelle, son talent à peindre les physionomies, les gestes et les ridicules des hommes, son style vigoureux, à arêtes vives, riche en mots et en images.

De nombreuses inscriptions métriques, trouvées en Algérie, attestent le goût que, même dans le peuple, on eut alors pour la poésie, ou plutôt pour les vers ; les unes sont faites d'emprunts à des anthologies, les autres ont été composées sur place par des gens qui avaient plus de prétentions littéraires que de connaissances prosodiques.

L'aspect de beaucoup de villes se modifia. Comme les cités de l'Italie et des pays grecs, elles eurent des temples d'ordre corinthien ou composite, des basiliques judiciaires, des arcs de triomphe, des places régulières, bordées de portiques, de vastes établissements de bains, des théâtres où l'on joua des pièces latines, des amphithéâtres où des gladiateurs combattirent à la mode romaine. Les sommes que les magistrats devaient verser à leur entrée en charge, les libéralités qu'ils ajoutaient, plus ou moins volontairement, à ces taxes légales, furent en grande partie consacrées à élever ces édifices. On les construisit dans le style hellénistique qui régnait alors. Ce style fut adopté aussi par les architectes qui bâtirent des maisons opulentes et des mausolées ; cependant les anciens types de sépultures ne disparurent point : comme toujours, les usages funéraires subsistèrent plus longtemps que les coutumes des vivants. Les places se peuplèrent de statues, représentant, d'après des modèles grecs, des divinités, des empereurs, des gouverneurs, des magistrats municipaux. Quand on voulait honorer particulièrement quelque bienfaiteur, on multipliait ses images : à Calama, on dressa d'un coup cinq statues à une femme qui avait fait construire un théâtre ; chacune des sections électorales d'Hippone en éleva une à un prêtre qui avait offert à ses concitoyens, pendant trois jours de suite, de magnifiques combats de gladiateurs. Il est vrai que, souvent, on laissait au personnage ainsi glorifié le soin de régler la dépense. Sur les mosaïques dont on aimait à orner les thermes et les habitations, on faisait d'ordinaire représenter des dieux et des légendes de la mythologie classique, ou bien des scènes pittoresques, imitées de l'art alexandrin. Les sarcophages en marbre étaient décorés de la même manière. Ces œuvres sans originalité ont été pour la plupart exécutées hâtivement par des praticiens médiocres ; elles ont peu de valeur artistique, mais elles méritent l'attention des historiens, car elles montrent jusqu'à quel point la civilisation gréco-romaine s'imposa à une partie de la population de l'Afrique.

Les vieilles divinités ne cessèrent pas d'être adorées. Mais quand elles conservèrent leur ancien nom, elles reçurent l'épithète latine d'*Augustus*. En général, elles furent assimilées à des divinités helléniques ou romaines et figurées sous des formes créées par l'art grec. Baal Hammon devint *Saturnus Augustus* ; on lui donna, comme à Kronos-Saturne, les traits d'un vieillard, qui était assis sur un trône, les jambes croisées, qui portait dans la main droite une faucille et soutenait de l'autre main sa tête couverte d'un voile. On lui associa parfois Ops, la vieille déesse italique, épouse du Saturne latin. On alla jusqu'à l'identifier à Jupiter Optimus Maximus. Les sanctuaires à ciel ouvert où on l'adorait jadis, selon la coutume des Sémites, furent remplacés en bien des lieux par des temples d'architecture classique. On cessa de lui immoler des victimes humaines. Les prêtres de cette religion populaire firent graver en latin les dédicaces des stèles érigées en souvenir de leurs sacrifices. Les cultes de la Fortune, de la Paix, de la Victoire, de la Concorde et de quelques autres divinités allégoriques furent apportés de Rome en Algérie. Dans un certain nombre de villes, qui ne furent pas toutes des colonies, on éleva un Capitole, dédié comme celui de Rome, à Jupiter très bon et très grand, à Junon reine et à Minerve. Nous avons parlé plus haut du culte des empereurs. Institué par ordre, il ne cessa pas d'être un hommage officiel rendu par les communes, mais il devint aussi une véritable religion, qui eut ses dévots sincères. Il fut l'expression la plus haute de la gratitude des provinciaux pour les bienfaits de l'empire. La personne du prince importait peu. Jamais les Africains ne célébrèrent ce culte avec plus de ferveur que sous le cruel Caracalla.

Ainsi Rome n'établit pas en Algérie une foule de colons italiens, mais elle transforma en Romains un grand nombre d'indigènes de cette contrée. Elle ne fit pas seulement la conquête de leur sol, mais aussi celle de leurs âmes. Elle fut leur éducatrice plus par l'ascendant qu'elle exerça sur eux que par la contrainte.

En retour, ils contribuèrent à sa sécurité et à sa grandeur. Sous le Haut Empire, l'Afrique fournissait la moitié, peut-être même les deux tiers des blés nécessaires à la capitale du monde. Après la fondation de Constantinople, à laquelle on réserva les blés d'Egypte, Rome ne fut plus nourrie que par les provinces africaines, et le poète Claudien put lui faire dire : « Le Maure éprouve une joie insultante à m'of-

« frir, comme à une esclave, mes aliments de chaque
« jour ; il met orgueilleusement dans sa balance ma
« vie et ma faim. » Il y avait dans les armées d'Europe des corps auxiliaires de Numides, de Maures et
de Gétules. Sous Trajan, le chef maurétanien Lusius
Quietus combattit avec gloire les Daces, les Parthes
et les Juifs ; l'empereur songea, dit-on, à le désigner
pour son successeur. Un personnage de Cirta fut le
le premier Africain qui parvint au consulat, sous Titus.
Un siècle plus tard, les Cirtéens étaient nombreux au
Sénat ; plusieurs s'élevèrent aux premières charges
de l'Etat. Macrin, qui devint empereur en 217, était
né à Césarée de Maurétanie. Vers la fin du quatrième
siècle, un préfet de Rome, originaire d'Afrique, écrivait avec orgueil : « A mon avis, notre race est
« privilégiée et comme prédestinée, tant elle est
« féconde en gens de mérite, et tous ces enfants
« qu'elle a produits et formés, elle les voit arriver
« aux plus hautes situations. » — De jeunes ambitieux
qui voulaient se faire un nom dans les lettres traver-
saient la mer et allaient chercher fortune à Rome.
Apulée s'y rendit, mais il ne réussit pas ; on sait que
Saint Augustin, avant sa conversion, enseigna l'éloquence dans cette ville, et plus tard à Milan. Sous les An-
tonins, Fronton de Cirta fut le plus fameux des rhéteurs
latins. Une inscription l'appelle « orateur, consul et
« maître de deux empereurs » ; Il donna, en effet,
des leçons à Lucius Vérus et à Marc Aurèle.

Mais si l'Afrique romaine tint une grande place en
Occident, ce fut surtout par la part qu'elle prit au
développement du christianisme. Les progrès rapides
qu'y fit l'Evangile furent peut-être favorisés par l'in-

fluence profonde que Carthage avait exercée sur une partie de la population. Des esprits imbus d'idées sémitiques étaient sans doute plus aptes à accueillir une religion née en pays sémite, à comprendre les pensées exprimées dans les livres saints, surtout dans l'Ancien Testament. La croyance en un seul Dieu s'était répandue chez les lettrés par l'action des philosophes, chez le peuple par celle de la religion phénicienne, qui, tout en adorant un grand nombre de divinités, les regardait comme des manifestations d'un principe unique : pour bien des hommes, Baal Hammon-Saturne était le Dieu suprême, auquel ils subordonnaient tous les autres. Ce monothéisme, plus ou moins conscient, prépara le terrain à la foi chrétienne. Dès le début du troisième siècle, la prédication évangélique avait pénétré chez les Gétules et chez les Maures. On mentionne des évêques de Numidie dans des conciles tenus à Carthage vers 220, en 255 et en 256 ; il en vint aussi quelques uns de Maurétanie à cette dernière date. Un synode de quatre-vingt-dix évêques se réunit en 250 à Lambèse, pour juger un hérétique. Sous Valérien, de nombreux clercs de Numidie furent condamnés au travail des mines et d'autres mis à mort. La persécution de Dioclétien sévit d'une manière très violente dans la région de Cirta ; elle fit aussi des victimes en Maurétanie.

A partir de Constantin, la religion chrétienne, désormais soutenue par le pouvoir impérial, se répandit à travers toute l'Algérie. Des évêchés y furent fondés par centaines, non seulement dans les villes, mais aussi sur les grandes propriétés. Partout on y rencontre des rui-

nes de basiliques et de chapelles, dont   disposition
intérieure et les chapiteaux annoncent quelquefois
l'architecture et la sculpture romanes, et dont l'or-
nementation à relief plat, imitée de la technique du
bois, est fort curieuse. L'Eglise d'Afrique compta de
nombreux écrivains, qui, à la différence des rhéteurs
païens, se proposèrent d'instruire et de convaincre. Ce
furent des Africains, apologistes fameux ou traduc-
teurs inconnus de l'Ecriture sainte, qui imposèrent le
latin comme langue officielle aux chrétiens d'Occident.

Saint-Augustin, né à Thagaste, évêque d'Hippone, constitua d'une manière presque définitive
le dogme catholique. Esprit romain, il donna des
contours nets, des formules rigoureuses aux concep-
tions vagues et poétiques des orientaux : il contribua
même ainsi, sans le prévoir, à la séparation définitive des mondes latin et grec. Ce théologien, qui
respecta profondément l'autorité de l'Eglise et qui sut
l'affermir, fut en même temps un grand mystique.
« Il faut, écrivait-il, que notre âme, purifiée des sor-
« dides affections du siècle, délivrée de toute entrave,
« s'envole jusque dans le sein du Seigneur, sur les
« deux grandes ailes de l'amour de Dieu et de l'amour
« des hommes. » Il ne pensa pas à rougir de ses
larmes, et par son émotion il remua les cœurs. *Unde
ardet, inde lucet*, a dit de lui Saint-Cyran. Il unit la
raison classique à une foi brûlante comme le ciel africain : il fut le plus illustre représentant d'un pays
qui, par sa place dans la Méditerranée, appartient
à la fois à l'Occident et à l'Orient. Depuis le cinquième siècle, toutes les doctrines, toutes les formes
du christianisme ont eu leur origine en Saint-Au-

gustin. Il a été le maître de Saint-Anselme, de Saint-
Thomas d'Aquin, de Luther, de Calvin et des jansé-
nistes, l'initiateur de Saint-Bernard, de Sainte-Thé-
rèse et de Saint-François de Sales. Il a appris aux
moines à estimer le travail et l'étude. Il a donné aux
grands papes du moyen-âge l'ambition de fonder
l'Etat de Dieu sur la terre. Les inquisiteurs même
ont pu se réclamer de lui. Ecrivain puissant, mais
subtil et affecté, il a créé la langue de la théologie
et celle de la dévotion. Sa *Cité de Dieu*, vaste esquisse
du développement de l'humanité, a été paraphrasée
par Dante et a servi de modèle à Bossuet ; Jean-
Jacques-Rousseau s'est inspiré de ses *Confessions*,
histoire sincère et vivante d'une âme, qui sut observer et analyser, avec une précision étonnante, ses
sentiments et ses passions contradictoires, ses rêve-
ries, ses élans d'amour, ses ardeurs de vérité, ses
découragements, ses erreurs et ses repentirs,

VII

Quand Saint-Augustin mourut, en 430, les Vandales faisaient le siège de sa ville épiscopale. Vingt-
cinq ans plus tard, la domination romaine avait en-
tièrement disparu de l'Afrique du Nord. Comment
cette contrée s'était-elle affaiblie au point de devenir
aussi facilement la proie des barbares ?

Il faut d'abord observer que la Numidie et surtout
la Maurétanie se romanisèrent moins complètement
que d'autres provinces, la Gaule par exemple, et, en
Afrique même, la Proconsulaire. La civilisation latine
fut adoptée sans peine par les habitants du littoral et
du pays plat ; elle pénétra beaucoup moins dans les
massifs montagneux, d'un accès plus difficile. Parmi
les indigènes de ces régions, les uns apprirent à
tailler régulièrement la pierre pour construire leurs
demeures, ils se livrèrent avec succès à l'agriculture,
que, du reste, les Carthaginois avaient enseignée à
leurs ancêtres, mais ils gardèrent leur langue, leur
costume, leur vaisselle en bois, leurs poteries grossières. Ils conservèrent l'usage d'enterrer leurs morts
sous des amas de pierres brutes ou dans des caisses
faites avec de grandes dalles à peine équarries.
D'autres continuèrent à bâtir leurs maisons et leurs
enceintes en moellons, d'autres enfin à s'abriter sous
des cabanes ; ils faisaient paître leurs troupeaux et

ne semaient que la quantité de céréales qui leur était
nécessaire pour vivre. Ils étaient des barbares, et ce
nom de *barbari* que leur donnaient les Romains est
resté à leurs descendants, les Berbères. Au sixième
siècle, Procope décrivait ainsi l'existence des Maures
de la petite Kabylie : « Ils habitent hiver comme été
« dans des huttes où l'on étouffe. Ni la neige, ni les
« chaleurs torrides de l'été ne leur font abandonner
« ces misérables retraites. Ils couchent sur le sol ;
« les plus riches se contentent de s'étendre sur une
« toison, quand ils l'ont sous la main. Ils ne changent
« pas de vêtements suivant les saisons ; en tous
« temps, ils ne sont vêtus que d'une tunique gros-
« sière et d'un vieux manteau d'une étoffe aussi
« rude. Ils n'ont ni pain, ni vin, ni quoi que ce soit
« de bon. Le blé, l'épeautre, l'orge leur servent de
« nourriture, mais ils n'en font ni bouillie, ni farine ;
« ils mangent le grain tout cru, à la façon des bêtes. »
La dernière phrase contient une exagération, et
Procope nous apprend lui-même que ces Maures
faisaient des galettes de froment ; pour le reste, il
est difficile de douter de l'exactitude d'un tableau
dont tous les traits sont encore vrais aujourd'hui.

Les inscriptions latines sont fort rares, ou manquent
même tout à fait dans l'Édough, dans les montagnes
d'El-Milia, dans l'Aurès, dans les Biban et les Babor,
dans la grande Kabylie, dans l'Atlas, le Dahra et
l'Ouarsenis. Il n'y a dans le Djurjura aucune ruine
qui présente un aspect romain. « Les Gaulois, dit
« Fustel de Coulanges, eurent assez d'intelligence
« pour comprendre que la civilisation valait mieux
« que la barbarie. » Beaucoup d'Africains ne le com-

prirent point. Ils préférèrent l'oisiveté et la misère
au travail et à l'aisance. Le désir, il est vrai, ne leur
manquait pas de descendre dans les plaines, pour
piller les villes et les fermes prospères qu'ils voyaient
de loin. Pendant plus de deux cents ans, ils ne
l'osèrent que très rarement ; ils se résignèrent à
payer les taxes et à fournir les contingents qu'on
exigeait d'eux. Mais ils n'attendaient que des occasions
favorables.

Elles se présentèrent fréquemment depuis le
milieu du troisième siècle. Occupés à combattre
les prétendants qui s'élevaient partout, à repousser
les barbares sur le Rhin, sur le Danube, sur l'Eu-
phrate, à persécuter les chrétiens et plus tard les
hérétiques, les empereurs laissèrent leur autorité
s'affaiblir dans les provinces. Ils eurent beau fixer
avec minutie la hiérarchie et les attributions des
fonctionnaires, ceux-ci furent moins dociles que par
le passé et, à leur tour, ils eurent plus de peine à
se faire obéir. Il y eut plus de réglements adminis-
tratifs, mais moins de régularité dans l'administration.
Les indigènes des tribus furent peut-être pressurés
par des agents mal surveillés. Ils apprirent les invasions des Goths, des Germains et des Perses et les
luttes qui se livraient autour du pouvoir suprême ;
ils virent, vers 266, des pirates francs ravager les
côtes de la Maurétanie ; au début du quatrième
siècle, ils assistèrent à la révolte du plus haut fonc-
tionnaire de l'Afrique, Domitius Alexander, qui se fit
proclamer empereur et resta pendant trois ans maître
de Cirta. Ils profitèrent de cette anarchie et de ces
troubles.

De graves insurrections éclatèrent chez les Maures, de 253 à 260 : Auzia fut bloquée, la ville voisine de Rapidum détruite, le territoire de Mila dévasté. On dut se hâter de reconstituer la troisième légion, que Gordien le Jeune avait supprimée pour la punir d'avoir renversé son aïeul et son père. Une trentaine d'années plus tard, les barbares se révoltèrent en Kabylie, dans le Hodna et sans doute en d'autres lieux ; les troubles durèrent au moins sept ans ; un empereur, Maximien, passa alors en Afrique et pénétra jusqu'au cœur du Djurjura. En 371, le prince maure Firmus brûla Césarée, pilla Icosium (Alger) ainsi que d'autres villes voisines ; il assiégea Tipasa. On envoya contre lui le général le plus renommé de l'empire, le comte Théodose. La paix ne fut rétablie qu'après trois dures campagnes, en Kabylie, dans l'Ouarsenis, peut-être aussi dans la région d'Aumale et dans les Biban. En 427, à la veille de l'invasion vandale, Saint Augustin se plaignait des ravages des indigènes. Ces soulèvements ne nous sont connus que par quelques textes d'auteurs et des inscriptions retrouvées par hasard. Il est probable qu'il y en eut bien d'autres. Mais il faut remarquer que les rebelles voulaient seulement s'affranchir de l'impôt et faire un riche butin ; ils n'étaient point poussés par une haine de race, ni même par le désir de changer la forme du gouvernement. Ceux qu'ils pillaient étaient plus souvent des Africains romanisés que des Romains. Le prestige de l'autorité impériale était si grand sur leurs esprits que, le jour où Firmus se révolta, il prit le titre d'empereur. — Ce ne furent pas seulement ces crises plus ou moins longues qui troublèrent les provinciaux. L'insécurité était devenue presque permanente. Des bandits parcouraient les campagnes et coupaient les routes. Il fallut fortifier les fermes et les châteaux, entretenir et renforcer les remparts des villes, élever partout des tours, d'où des veilleurs annonçaient, par des signaux, l'approche du danger.

La population civile n'était bonne qu'à se cacher derrière les murailles. Elle avait perdu tout esprit militaire. Elle ne fournissait aux troupes impériales qu'un petit nombre de recrues. Les princes préféraient d'ordinaire remplacer les levées d'hommes par des taxes : cet impôt s'appelait l'or de conscription. On avait, à cette époque, peu de goût et d'estime pour le métier des armes, et les progrès du christianisme contribuaient à fortifier ce sentiment. L'armée se recrutait surtout dans les familles militaires et chez les barbares, indigènes ou étrangers. Il semble, en effet, que le Bas-Empire soit revenu à l'usage d'envoyer des Européens servir en Afrique; Saint-Augustin nous apprend qu'il y avait parmi les soldats beaucoup d'hérétiques ariens : c'étaient sans doute des Goths. Par défiance, les princes avaient séparé les fonctions civiles des fonctions militaires ; de tous les gouverneurs des provinces africaines, un seul, celui de Maurétanie Césarienne, était en même temps général. Les officiers étaient choisis en dehors de l'aristocratie sénatoriale, et souvent parmi les barbares. Deux frères de Firmus, Gildon et Mascezel, reçurent successivement le commandement de toutes les troupes d'Afrique. On ne pouvait pas faire grand fond sur la fidélité de ces soldats et de ces chefs, ni sur leur zèle à défendre une population avec laquelle ils n'avaient aucune attache. Lors de l'insurrection de Firmus, deux corps auxiliaires passèrent à l'ennemi. Gildon profita de sa haute situation militaire pour se révolter comme son frère ; il terrifia l'Afrique par ses cruautés et affama Rome en empêchant le départ des convois de blé. Les Vandales furent appelés par un de ses successeurs, le comte Boniface.

Au delà des limites de l'empire, des tribus vassales étaient chargées de s'opposer à la poussée des peuples sahariens, mais il est certain qu'elles eussent mieux aimé piller le territoire romain que de le protéger. Elles en furent empêchées par les soldats-colons qui résidaient le long des frontières et qui, par conséquent, avaient intérêt à les contenir. Mais ce ne fut pas du Sahara que vinrent les envahisseurs. Quand les Vandales passèrent d'Afrique en Maurétanie, ils trouvèrent les routes ouvertes devant eux. L'armée sédentaire des limites ne servit à rien contre ces ennemis inattendus ; quant aux troupes mobiles, elles ne leur résistèrent point tout d'abord, car leur général était complice des Germains ; plus tard, elles se firent battre.

Depuis la seconde moitié du troisième siècle, la décadence des communes accompagna l'affaiblissement de l'autorité impériale. Fustel de Coulanges a montré, avec une clarté admirable, les causes de ce fait historique en Gaule : elles furent à peu près les mêmes en Afrique. Nous avons dit que les princes favorisèrent l'ascension des familles municipales à l'ordre équestre, puis à la classe sénatoriale. Or, les nouveaux sénateurs cessaient d'appartenir à leur cité

natale pour devenir citoyens de la ville de Rome.
Leurs terres étaient exemptées des taxes levées
par les communes. Comme cette noblesse était héréditaire, les cités provinciales perdaient pour toujours
la fleur de leur aristocratie et aussi leurs meilleurs
contribuables. Les vides auraient dû être comblés par
la classe moyenne, s'élevant à son tour. Mais, par
malheur, elle diminua à cette époque, au lieu de s'accroître. Les révoltes des barbares, l'insécurité, l'épui-
sement des terres auxquelles on avait peut-être trop
demandé, des calamités qui survinrent presque coup
sur coup, sécheresses, épidémies, tremblements de
terre, réduisirent les petits propriétaires à la gêne ou
à la misère. Comme il n'existait alors aucune institu-
tion de crédit, ils ne purent pas surmonter ces crises.
Ils durent vendre à vil prix aux riches, qui avaient
résisté. Ils devinrent simples cultivateurs sur les terres d'autrui, le plus souvent sur celles dont ils avaient
été les maîtres auparavant. Pour vivre, ils se firent
colons, petits fermiers et même ouvriers agricoles.
« Les pauvres, dit Saint-Augustin, se mettent sous la
« dépendance des riches, afin d'avoir de quoi man-
« ger. » Beaucoup de petites propriétés disparurent,
les grandes s'étendirent. Dès l'année 250, Saint-
Cyprien parle « de ces riches qui ajoutent des domai-
« nes à des domaines et qui excluent les pauvres de
leur voisinage ». La plupart de ces vastes possessions
appartenaient à des sénateurs, étrangers aux communes.

L'Afrique du Nord ne fut guère dans l'antiquité
qu'un pays agricole ; l'industrie, si prospère en Gaule,
s'y développa fort peu, les corporations y furent
rares. Il n'y avait donc pas dans les villes une bour-

geoisie aisée qui, à défaut de propriétaires fonciers, aurait pu être appelée à la gestion des affaires municipales.

Pendant longtemps, la vanité des hommes avait recherché des magistratures coûteuses, mais honorées, qui étaient du reste des degrés vers une condition supérieure. Désormais, on n'en vit plus que les obligations très lourdes. La plus odieuse fut la répartition et la perception des impôts, dont les décurions étaient pécuniairement responsables devant le fisc impérial. Les cités se dépeuplèrent, les assemblées populaires ne furent plus convoquées, les conseils de décurions commencèrent à se vider. Les sommes honoraires, les libéralités furent supprimées. Les anciennes charges, édilité, duumvirat, subsistèrent, mais il n'y eut plus dans la commune qu'un seul magistrat véritable, sur lequel toute l'administration reposait, le curateur. — Le pouvoir impérial fit cependant tous ses efforts pour maintenir l'organisation municipale, qui lui garantissait la rentrée de l'impôt. Les décurions cessèrent d'être une assemblée, pour devenir une classe : les propriétaires de plus de vingt-cinq arpents (six hectares et un quart) y furent inscrits d'office et leurs enfants héritèrent de cette obligation. Les princes n'osèrent pas interdire aux magistrats l'espoir de devenir sénateurs : c'eût été leur rendre leurs fonctions encore plus haïssables ; mais ils accordèrent moins fréquemment cette haute faveur. Malgré tout, ils ne purent sauver que les formes extérieures du régime municipal ; la vie s'en était presque complètement retirée.

Les malheurs qui frappèrent les petits propriétaires

atteignirent aussi les colons des domaines privés et impériaux. Ils souffrirent comme eux du brigandage, des guerres et des mauvaises récoltes. En outre, ils furent exposés aux vexations des gros fermiers, qui, trop souvent, eurent les intendants pour complices.

A l'origine, ces cultivateurs étaient les locataires des propriétaires ou les sous-locataires des fermiers ; leur bail, il est vrai, se renouvelait tacitement, mais il pouvait être rompu. Ils restaient le plus souvent sur les terres qu'ils avaient louées ; ils acquéraient même, nous l'avons dit, un droit d'occupation héréditaire sur certains champs qu'ils avaient mis en valeur. Ils étaient cependant libres de s'en aller, s'ils le voulaient : quand leur travail les avaient enrichis, ils pouvaient, en achetant des biens, devenir propriétaires à leur tour. Sous le Bas Empire, des lois les attachèrent pour toujours, eux et leurs enfants, au sol qu'ils exploitaient. Le colonat devint obligatoire et perpétuel. Les princes qui rendirent ces lois n'eurent en vue que leurs intérêts financiers : en garantissant ainsi les redevances des colons aux fermiers et aux propriétaires, ils voulurent assurer le paiement régulier des loyers qu'ils percevaient sur leurs domaines, et des impôts qu'ils exigeaient des autres possesseurs fonciers. Ils ne prévirent pas sans doute les conséquences sociales qu'eurent leurs édits.

Depuis lors, il fut impossible aux colons de s'élever à une condition plus haute. Ils perdirent l'ardeur que donne au travail libre l'ambition d'un sort meilleur. Ils vécurent au jour le jour, ne mettant plus leurs espérances que dans les promesses divines de l'Evangile. Si la législation ne restreignit pas leur liberté personnelle, celle-ci diminua en fait. Les propriétaires, aux domaines desquels ils étaient enchaînés, voulurent devenir leurs maîtres ; ils s'arrogèrent le droit de leur imposer la religion qu'ils professaient eux-mêmes, ils s'efforcèrent de les soumettre à leur justice seigneuriale. Par un nivellement fatal, les colons furent presque assimilés aux esclaves employés à la culture. La civilisation romaine n'eut plus d'attrait pour ces serfs de la glèbe ; ils se désaffectionnèrent d'un gouvernement qu'ils ne connaissaient plus guère que par la taxe de capitation. Les maîtres furent souvent détestés. Il y eut en Numidie, dans le cours du quatrième siècle, de fréquentes révoltes agraires. Les prolétaires des campagnes refusaient de payer leurs redevances, pillaient les châteaux, maltraitaient et humiliaient les seigneurs . « Ils les forçaient, dit Saint-Augustin, à « descendre de leurs voitures, s'y installaient et les « faisaient courir devant eux. » A leur haine des grands ils joignaient un mysticisme sauvage. Ils prenaient le nom de *Saints* et ne songeaient qu'à hâter leur entrée dans le royaume de Dieu. Armés de bâtons, — car le Christ avait interdit à Saint-Pierre l'usage du glaive — ils se jetaient au milieu des fêtes païennes et y portaient le trouble, pour se faire tuer. Ne voulant pas se pendre comme Judas, ils se donnaient la mort en courant vers des précipices.

Le christianisme, qui fit la grandeur historique de l'Afrique ancienne, contribua cependant à sa décadence matérielle. Pendant l'époque des persécutions, l'Eglise détourna les fidèles du service militaire et des fonctions publiques, où il fallait sans cesse faire acte de paganisme. La prédication évangélique fut un fer-

ment de discorde dans les familles et dans les cités.
Les chrétiens refusèrent de témoigner leur soumission aux princes par la célébration du culte impérial,
et ce fut pour cette raison, non pour leurs croyances
ou leurs pratiques, que ceux-ci leur firent la guerre.
Elle ne fut pas aussi continue ni aussi cruelle qu'on
le croit généralement. Avant l'année 258, aucun évêque
des provinces africaines ne souffrit le martyre. On ne
compte guère pour cette contrée que cinq ou six persécutions, qui furent séparées par de longues périodes
de tolérance ; seule, celle de Dioclétien fut vraiment
très violente. Cependant ces brusques tempêtes troublèrent profondément le pays.

Constantin assura à l'Eglise une entière liberté de
culte et la protection impériale. Mais l'édit de Milan
ne marqua pas en Afrique la fin des luttes religieuses.
Pendant la dernière persécution, Dioclétien avait
ordonné la destruction des livres sacrés. Beaucoup
d'évêques avaient faibli en cette circonstance et remis les Ecritures aux autorités. Les rigoristes les
flétrirent du nom de *traditeurs*. Sur ces entrefaites,
on élut évêque à Carthage un diacre appelé Cécilien, auquel ses rivaux reprochèrent d'avoir em-
pêché les chrétiens de visiter les martyrs prisonniers ;
en outre, ils nièrent la légitimité de sa consécration,
célébrée par Félix d'Abthugni, qu'ils accusaient de
tradition. Nous ne savons pas trop pourquoi soixante-
dix évêques numides prirent part à la dispute. Ils se
réunirent en concile, déposèrent Cécilien et élurent
un certain Majorin. Il eut dès lors deux églises à
Carthage, et bientôt le schisme se répandit à travers
l'Afrique.

D'abord cette affaire ne fut guère qu'une querelle de prêtres, née d'intrigues fort obscures pour nous et sans doute assez louches. Le crime de tradition semble n'avoir été qu'un prétexte invoqué par ceux qui prononcèrent la déchéance de Cécilien, car plusieurs de ces prélats numides furent accusés, peut-être avec raison, d'avoir, eux aussi, trahi leur devoir. Mais ce prétexte fut habilement choisi : il entraîna les intransigeants et les fanatiques, indignés de la lâcheté d'une partie du clergé. Au début, il n'entrait pas dans la pensée des mécontents de se soulever contre l'empire romain, ni fonder une église séparée du reste de la catholicité : ils s'adressèrent eux-mêmes à Constantin et à deux conciles étrangers, leur demandant de juger le différend. Ils ne repoussaient aucune des doctrines orthodoxes, sauf sur la question du baptême, qu'ils voulaient imposer de nouveau aux hérétiques repentis : en cela ils se conformaient du reste à l'opinion soutenue avec ardeur par le grand saint africain, l'illustre Cyprien. Ils s'appelèrent donatistes, du nom d'un de leurs chefs, Donat de Carthage. Ils furent surtout puissants en Numidie, où leur nombre dépassa même, pendant longtemps, celui des catholiques : Bagaï et Thamugadi, au pied de l'Aurès, purent être regardées comme les citadelles du donatisme. Condamnés par les conciles de Rome et d'Arles, puis par Constantin, ils refusèrent de se soumettre. Ils constituèrent une église particulière et devinrent les ennemis du pouvoir impérial qui, à plusieurs reprises, les persécuta très durement. — L'histoire de l'Afrique au quatrième siècle est toute remplie par les mille épisodes de la lutte des catholiques et des donatistes : discussions de docteurs, où les arguments étaient trop souvent étayés sur des pièces fausses et où les textes sacrés se mêlaient aux injures, assommades dans les rues, sacs d'églises. Les plus exaltés parmi les dissidents en vinrent même à faire cause commune avec d'autres révoltés, qui, pour leur part, ne se souciaient guère de l'affaire de Cécilien et des traditeurs. Ils virent d'un œil favorable les désordres des prolétaires des campagnes, qu'ils appelèrent les combattants du Christ. Ils soutinrent Firmus et Gildon. L'acclamation « *Deo laudes* ! », opposée à la devise catholique « *Deo gratias* ! » devint un cri de guerre poussé à la fois par les puritains, par les Maures pillards et par les paysans anarchistes. — A la fin du quatrième siècle et au début du cinquième, Saint-Augustin fut, par l'autorité de son génie, le vrai chef de l'église catholique africaine. Il se donna pour tâche de détruire le donatisme, affaibli à cette époque par des querelles intérieures. Il écrivit contre les schismatiques de nombreux traités, dans lesquels il réfuta leurs accusations et montra leurs inconséquences ; il insista surtout sur l'accord des catholiques avec les autres Eglises chrétiennes : là où était l'unité devait être aussi la vérité. Il invoqua l'appui du bras séculier, dont il avait d'abord désapprouvé l'intervention dans les affaires de foi. « Aimez les hommes, disait-il, tuez les erreurs » ; mais, pour tuer les erreurs, il crut que l'emploi de la contrainte était légitime. Des conciles, réunis tous les ans, réclamèrent et obtinrent de l'empereur Honorius des édits de persécution, assimilant les donatistes aux hérétiques. En 411, après une grande conférence contradictoire où l'on épuisa toutes les chicanes, les dissidents furent solennellement condamnés. Il leur fut interdit de tenir des réunions religieuses, ils durent remettre leurs églises aux catholiques, d'énormes amendes et même la peine de l'exil furent édictées contre les récalcitrants. Ces mesures rigoureuses eurent, du moins en apparence, le résultat qu'on en attendait. Parmi ceux qui ne voulurent pas céder, bien peu osèrent résister ouvertement, comme ce Gaudentius de Thamugadi, qui parla de se brûler avec les siens dans son église. Cependant les donatistes ne disparurent pas tout à fait, et, plus tard, ils profitèrent des époques de trouble pour relever la tête. On a trouvé récemment, à Alamiliaria (Bénian), en Maurétanie, sur la frontière même de l'empire romain, une église qu'ils élevèrent, vers 435, auprès du tombeau d'une de leurs martyres. A la fin du sixième siècle, ils étaient encore assez nombreux et assez remuants en Numidie pour inquiéter le pape Grégoire le Grand. Mais, en somme, l'unité chrétienne fut à peu près rétablie par la propagande de Saint-Augustin et par la sentence de 411. Il est vrai que ces luttes d'un siècle entre catholiques et dissidents avaient épuisé l'Afrique.

Le paganisme ne succomba pas non plus sans résistance. Il fut défendu par une partie de l'aristocratie, fidèle à des traditions de famille, par les municipalités, qui voyaient dans les évêques des rivaux, par les lettrés, qui voulaient maintenir la culture classique. En 360, l'empereur Julien rétablit officiellement les vieilles religions ; une inscription trouvée en Numidie, glorifie en lui « le restaurateur de la liberté et des cultes romains. » Sous ses successeurs chrétiens les provinces africaines furent parfois encore gou vernées par des païens fervents, appartenant à la plus haute noblesse de Rome. Publilius Ceionius Cæcina Albinus, qui administra la Numidie entre 364 et 367, restaura le Capitole de Timgad, le temple de Neptune à Lambèse et fit établir à Constantine une chapelle souterraine consacrée au dieu Mithra. Mais, entre 391 et 408, sous l'inspiration des conciles, les princes promulguèrent toute une série de lois sévè- res contre le paganisme. On détruisit les sanctuaires des campagnes ; les temples des villes, protégés par leur riche architecture, furent affectés à d'autres usages : beaucoup devinrent des églises. Les statues des divinités furent brisées, reléguées dans des ou- bliettes ou portées dans des lieux profanes : à Césa- rée, on les fit servir à la décoration des thermes. Parfois les païens les enfouissaient dans des cachettes, en attendant des temps meilleurs. En quelques lieux, ils osèrent protester d'une manière plus sérieuse contre les édits impériaux. A Calama, des fanatiques brûlèrent l'église, tuèrent un prêtre et cherchèrent l'évêque pour l'assassiner. — Cependant Saint-Augus- tin combattait l'idolâtrie avec la même ardeur que le donatisme. Il écrivait la *Cité de Dieu* pour mon- trer que la religion chrétienne n'était pas responsable des malheurs qui frappaient alors le monde romain. Il constatait avec joie la décadence du paganisme : « Que nos ennemis, disait-il, se moquent de notre « ignorance et de notre folie, qu'ils vantent leur doc- « trine et leur sagesse ! Ce que je sais bien, c'est « que nos railleurs sont moins nombreux cette année

« que l'année dernière. » Les conversions se faisaient
en foule. A Sétif, deux mille personnes reçurent en
même temps le baptême, après un tremblement de
terre dans lequel elles virent un avertissement de
Dieu. En 423, un édit déclarait, sans doute avec quelque exagération, qu'il n'y avait plus de païens. L'Evangile commençait même à franchir les frontières et à
se répandre parmi les tribus des steppes et du Sahara.

Ce fut au prix de ces longs combats que l'ortho-
doxie triompha du schisme et la foi chrétienne du
paganisme. A la veille de l'invasion vandale, l'Eglise
catholique possédait une immense autorité en Afrique.
Elle formait un véritable Etat, dont tous les rouages
fonctionnaient d'une manière régulière. Dans son
diocèse, l'évêque était maître absolu de ses clercs.
Ceux-ci ne pouvaient faire appel de sa juridiction que
s'il y consentait. Les prélats de chaque province religieuse tenaient des conciles périodiques, que présidait le primat (en Numidie et dans les Maurétanies,
c'était le doyen des évêques) ; ces assemblées discu-
taient les questions de liturgie et de discipline ecclé-
siastique ; elles jugeaient les causes portées devant
elles ; à elles seules appartenait le droit de déposer
les évêques. Les questions les plus importantes
étaient réservées aux conciles généraux, qui se réu-
nissaient le plus souvent à Carthage, et qui furent
annuels à la fin du quatrième siècle et au commen-
cement du cinquième. L'Eglise d'Afrique était ainsi
douée d'une organisation complète, lui assurant
une parfaite unité, qui manquait à l'Eglise de Gaule.

Elle témoignait au pape un profond respect, elle cé-
lébrait avec ferveur le culte des deux grands apôtres

romains, Saint-Pierre et Saint-Paul, mais elle ne
reconnaissait pas l'autorité pontificale en matière de
juridiction et de discipline. Elle était attachée à l'empire, qui, aux yeux de Saint-Augustin, avait été l'ins-
trument de la Providence pour réunir les peuples et
faciliter la propagation de l'Evangile ; elle proclamait
l'origine divine du pouvoir des princes. Mais elle
se croyait en droit de leur donner des conseils et de
prêcher la désobéissance à leurs ordres s'ils lui pa-
raissaient injustes ou impies. L'empereur n'intervenait pas dans l'élection des évêques, il ne pouvait pas
prononcer leur déchéance, ses fonctionnaires ne pé-
nétraient pas d'ordinaire dans les conciles. Les clercs
étaient dispensés des charges municipales ; les terres
ecclésiastiques, dont le nombre s'accroissait sans
cesse par les dons des fidèles, ne dépendaient point
des communes. Les édifices sacrés étaient des lieux
d'asile inviolables ; les affranchissements d'esclaves
qu'on y accomplissait avaient la même valeur légale
que ceux auxquels présidaient les magistrats. Dans
leurs différends, beaucoup de laïques préféraient à la
justice civile l'arbitrage de l'évêque. L'Eglise s'atta-
chait les humbles par ses bienfaits. Tout en regar-
dant l'esclavage comme légitime, elle s'efforçait de
l'adoucir. Tandis que, jadis, les sommes honoraires et
les dons versés aux caisses communales servaient à
des dépenses de luxe, elle fondait des institutions
charitables et consacrait une partie de ses ressources
à des aumônes. Elle rappelait aux riches que « leur
superflu était le nécessaire des pauvres. » En face
des municipalités mourantes, l'évêque apparaissait
comme le patron et le chef du peuple.

C'était donc sur l'aristocratie et sur l'Eglise que la
civilisation romaine reposait en Afrique, au début du
cinquième siècle. Elles étaient les seules parties saines
nes d'un corps affaibli et malade. Mais elles ne dispo-
saient pas des forces matérielles dont elles auraient
eu besoin pour se défendre. Les sénateurs étaient
exclus des commandements ; ils n'avaient pas le droit
d'entretenir sur leurs domaines des gens armés, sauf
pour les besoins de la police. Les clercs restaient
naturellement étrangers aux choses militaires et ils
ne poussaient pas les laïques au métier des armes.
Après la disparition des troupes impériales, les envahisseurs vandales ne rencontrèrent plus aucun obstacle.

VIII

Lorsqu'ils débarquèrent, l'Afrique, malgré sa décadence, était encore la plus prospère ou plutôt la moins éprouvée des contrées du monde romain. Un prince l'appelait « la meilleure partie de son empire, » un écrivain chrétien, « l'âme de l'Etat, » un autre « l'ornement de toute la terre, *speciositatem totius terræ.* » Les Germains que commandait Genséric la ravagèrent. Puis ils s'établirent dans le pays. Ils occupèrent d'abord les Maurétanies et une partie de la Numidie. Un traité leur assura la possession de ces territoires pour trente ans, contre un tribut et un serment de fidélité prêté par leur souverain : l'empereur n'avait donc pas encore renoncé à ses droits. Quelques années après, ils prirent en échange la Tunisie et l'est de l'Algérie. Enfin, en 455, Genséric étendit sa domination sur toute l'Afrique septentrionale. — Dès lors, les rois vandales se regardèrent comme les maîtres absolus de cette contrée. Ils n'acceptèrent pas, à l'exemple d'autres rois barbares, certains titres honorifiques qui auraient pu les faire prendre pour des fonctionnaires impériaux. Ils mirent leur image sur leurs monnaies et ils comptèrent le temps par leurs années de règne. Ils parlèrent des provinces « qui leur avaient été concédées par Dieu. » Le roi Gélimer écrivait à Justinien, qui prétendait lui donner des ordres : « Celui-là agit

« sagement comme prince, qui, livré tout entier à
« l'administration de son royaume, ne porte pas ses
« regards au dehors et ne cherche pas à se mêler des
« affaires des autres Etats. » Un évêque, qui demandait à Hunéric de convoquer à un concile africain les
prélats du monde entier, reçut du roi cette réponse :
« Je le veux bien, si tu soumets l'univers à ma domina-
« tion. »

Ces Germains étaient peu nombreux : lors de l'invasion, il n'y avait parmi eux que cinquante mille
guerriers ; un siècle plus tard, on en comptait que
quatre-vingt mille à peine. Après la prise de Carthage,
en 439, ils vécurent sur les terres qu'ils s'étaient par-
tagées en Tunisie ; ils ne formèrent pas de groupes
compacts dans les Maurétanies et en Numidie, où ils
n'entretinrent que quelques garnisons. Ces provinces
gardèrent leur ancienne organisation, leurs gouverneurs, leur régime municipal, leurs lois civiles. Elles
ne reçurent que par intervalles la visite de comtes
germains, chargés de missions politiques ou militaires.
Les chefs indigènes continuèrent à faire acte de vas-
selage et à fournir des contingents. Les anciens domaines impériaux, devenus propriétés royales, furent,
comme par le passé, administrés par des intendants
et exploités par des fermiers. La condition des cultivateurs ne devint ni meilleure ni pire ; le poids des
impôts ne s'aggrava pas. — Mais l'aristocratie romaine
et l'Eglise furent traitées en ennemies. Les nobles
regrettaient le temps où ils tenaient le premier rang
dans l'Etat et dans la société ; ils étaient humiliés par
l'insolence de leurs nouveaux maîtres. Dans le nord
de la Tunisie, ils avaient perdu leurs propriétés, don-

nées aux Vandales ; les uns avaient dû fuir, les autres
étaient devenus de simples colons. Ailleurs, un certain
nombre de domaines privés avaient été confisqués par les
rois ou transformés en apanages princiers. Les clercs
catholiques haïssaient les Germains, qui professaient les
doctrines hérétiques d'Arius et qui célébraient le culte
divin en langue gothique ; ils tournaient leurs regards
vers le pape ou vers l'empereur de Byzance, et entre-
tenaient des relations suspectes avec les Eglises étran-
gères. Par fanatisme et par défiance, les Vandales
leur firent la guerre. Beaucoup d'évêques furent chassés de leurs sièges. Ils se réfugièrent à Rome, en
Campanie, en Ligurie, en Sicile et même en Orient.
Ils emportèrent souvent avec eux les ossements de
leurs saints les plus vénérés et ils introduisirent dans
certaines régions des usages de la liturgie africaine.
Un de ces bannis, Optat de Biskra, fut enseveli dans
une catacombe de Rome, auprès du tombeau d'un pape.

En 484, éclata une persécution générale : les
édifices religieux furent fermés ou livrés au culte
arien, les biens ecclésiastiques donnés au clergé vandale, la plupart des évêques relégués dans des tribus
maures ou déportés en Corse. Hunéric appliquait aux
chrétiens orthodoxes les lois que ceux-ci avaient
obtenues des empereurs contre les donatistes. Ces
ordres rencontrèrent en quelques lieux une vive résistance : à Tipasa, la population tout entière refusa de
reconnaître l'évêque arien qu'on voulait lui imposer et
s'embarqua pour l'Espagne. Les catholiques d'Afrique
durent attendre près de douze ans avant d'obtenir
l'autorisation de rentrer dans leurs églises.

Genséric avait cherché à s'assurer la fidélité des

Berbères en les associant à ses pillages. Ils ccom-
gnèrent les Vandales dans leurs courses à travers la
Méditerranée et ils eurent leur part de butin lors du
sac de Rome. Plus tard, l'autorité des rois s'étant
affaiblie et les expéditions maritimes ayant pris fin,
ils se tournèrent contre les provinces africaines, qui
leur offraient une proie plus facile à saisir. Les
Germains avaient, en effet, négligé de maintenir l'organisation militaire qui couvrait autrefois les frontières ; craignant des débarquements de troupes
impériales ou des révoltes des provinciaux, ils avaient
renversé les remparts de presque toutes les villes
romaines. Les indigènes purent donc s'emparer facilement des Maurétanies. Les montagnards de l'Aurès
descendirent dans les plaines de la Numidie et détrui-
sirent les belles cités qui, sous la protection de la
légion *III Augusta*, avaient été jadis si florissantes,
Theveste, Bagaï, Thamugadi, Lambèse. Ils s'avancèrent jusqu'à quelques lieues de Constantine. Les
Vandales, cantonnés en Tunisie, ne semblent pas
s'être opposés à ces invasions et à ces conquêtes ; ils
étaient amollis par le climat et par l'oisiveté ; d'ailleurs, ils ne se souciaient guère des maux d'une
population qui les détestait. Il est probable que les
Berbères les auraient balayés eux-mêmes, si les
Grecs ne s'étaient pas chargés de ce soin.

Par une rapide campagne, Bélisaire établit en
Afrique l'autorité de l'empereur de Constantinople,
héritier légitime des anciens Augustes. Cependant, les
Byzantins ne recouvrèrent pas en Algérie tout ce
qu'avaient possédé les Romains. D'abord, ils se con-
tentèrent de protéger le pays de Constantine, la

vallée de la Seybouse et le cours supérieur de la Medjerda, en constituant une ligne de forteresses qui s'appuyaient sur les deux grandes places de Constantine et de Guelma. Puis, en 539-540, ils conquirent l'Aurès, le Hodna et le pays de Sétif. Mais l'Aurès paraît avoir été bientôt abandonné et, au nord de ce massif, on créa une puissante barrière défensive. De là, la frontière se dirigeait à l'Ouest, vers le Hodna ; elle passait par Tubunæ (Tobna) et Justiniana Zabi (près de M'sila). Elle remontait ensuite vers le Nord, pour atteindre Sétif. — Le reste de l'Algérie demeura entre les mains des indigènes, auxquels on enleva seulement un certain nombre de ports, entre autres Rusuccuru, Rusguniæ, Tipasa, Cæsarea, Gunugu, Cartennæ. Ces villes, que l'on ne pouvait atteindre que par mer, formèrent d'abord une province, appelée assez pompeusement la Maurétanie seconde ; plus tard, elles furent rattachées à la Maurétanie de Sétif. Elles étaient étroitement cernées par les Berbères et vivaient assez misérablement : dans plusieurs d'entre elles on voit encore des vestiges d'une enceinte byzantine, qui est beaucoup moins étendue que l'ancienne enceinte romaine.

Les Grecs s'efforcèrent du moins de rendre la sécurité à la contrée qu'ils occupèrent réellement. Le long de leurs frontières, sur toutes les routes qui pouvaient livrer passage aux envahisseurs, ils construisirent des forteresses plus ou moins vastes, reliées par des fortins. A l'intérieur du pays, les grandes villes furent entourées de murs où protégées par des citadelles et les principaux points stratégiques gardés par des forts. Cette œuvre immense fut accomplie en quelques années par les soins de l'autorité impériale. On employa tous les matériaux qui tombèrent sous la main ; dans les édi_fices que les Berbères avaient incendiés, on prit des colonnes, des corniches, des frontons. des soffites richement sculptés ; sur les places, on recueillit les bases qui avaient autrefois porté des statues ; on alla chercher dans les cimetières les cippes, les autels qui surmontaient les tombes. On éleva ainsi, avec une hâte fiévreuse, des murailles dont l'épaisseur atteignait parfois trois mètres et qui portaient à une dizaine de mètres du sol une courtine crénelée, interrompue par des tours à deux ou trois étages. Les remparts de Sétif, de Guelma, de Timgad, de Tébessa, de Ksar-Sbéhi, de Madaure et de bien d'autres lieux, attestent l'activité prodigieuse de l'eunuque Solomon, qui fit exécuter tous ces travaux au nom de Justinien. La ville arabe de Mila s'abrite encore derrière une enceinte bâtie par les Grecs ; les citadelles françaises de Guelma et de Sétif sont d'anciennes citadelles byzantines ; pour mettre Tébessa en état de défense, nos ingénieurs militaires n'ont eu qu'à restaurer les murs de Solomon. — Justinien réta_blit l'organisation de ces soldats-colons, auxquels on concédait des terres sur les frontières, à charge de les défendre. Une habile diplomatie s'efforça de con_tenir les tribus, en achetant leurs chefs, en leur accordant des pensions annuelles et des titres honori_fiques qui flattaient leur amour-propre. On sema la division parmi ces princes et on se servit de l'in_fluence que, souvent, les prêtres chrétiens exerçaient sur eux. Ils devaient livrer des ôtages qui répon-

daient de leur fidélité ; les généraux les surveillaient
de près, punissant les fautes par la suppression des
subsides et par des razzias. Malgré tout, la paix ne
fut pas complètement assurée. Plus d'une fois, les
barbares passèrent entre les forteresses et dévastè-
rent les campagnes. Les paysans menacés construisirent, au milieu de tous les villages, des fortins dans
lesquels ils s'enfermaient à la première alerte ;
comme bien des siècles auparavant, des enceintes,
placées sur des escarpements, servirent de refuges,
en cas d'invasion, aux populations des vallées qu'elles
dominaient. Il est certain, cependant, que les Byzantins ont eu l'honneur de sauver, dans une partie de
l'Afrique septentrionale, ce que les Vandales et les
indigènes avaient laissé subsister de la civilisation
romaine. Pendant plus d'un siècle, ils retardèrent la
catastrophe imminente.

On connaît très mal l'histoire de leur domination.
Quelques textes législatifs mentionnent des colons et
des serfs ruraux, vivant sur des domaines. Mais on
ignore si l'aristocratie foncière, fort éprouvée à
l'époque vandale, ressaisit alors la puissance qu'elle
possédait sous le Bas Empire : nous ne le pensons
pas. Quant à l'Eglise, elle recouvra tous ses biens et
en acquit de nouveaux. Justinien lui reconnut officiellement un droit de contrôle sur l'administration des
provinces et des cités. Mais elle ne se contenta pas de
surveiller les fonctionnaires : elle leur donna des
ordres. Elle intervint dans toutes les affaires : elle
s'occupa même de construire des remparts. Le pape,
à l'obédience duquel elle se rattacha plus étroitement
qu'autrefois, adressa ses instructions aux généraux et

aux gouverneurs. — Les campagnes étaient encore assez peuplées et souvent cultivées avec soin. Cependant les paysans n'avaient pas vu leur condition sociale s'améliorer. A l'exception des forteresses, vraiment imposantes, les ruines de l'époque byzantine qui subsistent en Numidie témoignent d'une véritable misère. Les seuls édifices publics sont des églises, faites avec des matériaux disparates, décorées sans luxe et sans goût. Les inscriptions deviennent très rares : un morne silence semble peser sur le pays. Les impôts, fort lourds, sont encore rendus plus odieux par les exactions de ceux qui les recueillent ; les gens de guerre, auxquels on oublie souvent de payer leur solde, essaient de se dédommager sur la population, se montrent indisciplinés et se battent sans ardeur. Les fonctionnaires obéissent peu à l'empereur, leurs attributions respectives sont mal fixées, leur autorité est presque annulée par le clergé.

En dehors de l'Afrique byzantine, des états puissants s'étaient formés parmi les Berbères. On voit encore auprès de Tiaret une quinzaine de monuments pyramidaux, qui sont des mausolées bâtis par les soins d'une dynastie indigène : le plus grand de ces Djedar (c'est le nom arabe qu'on leur donne aujourd'hui) ne mesure pas moins de quarante-cinq mètres de côté et de trente-quatre mètres de hauteur. Le christianisme se maintenait dans ces royaumes et y faisait même des progrès ; grâce à son influence et au prestige de l'Empire grec, la civilisation antique ne s'en était pas encore complètement retirée. On a trouvé en divers lieux de la province d'Oran, surtout à Lamoricière et à Tlemcen, des tombes du sixième et du septième siècles portant des épitaphes latines. Les morts enterrés sous les Djedar étaient chrétiens : une croix surmonte la porte d'un des caveaux et on distingue, sur une fresque, l'image d'un saint dont la tête est entourée d'un nimbe. Ces mausolées furent construits par des ouvriers byzantins et romains, comme l'indiquent les marques désignant les divers chantiers dans lesquels on taillait les pierres. Une façade offre encore quelques vestiges d'une dédicace rédigée en latin et en grec, où, d'après une tradition arabe, se lisait le nom du général Solomon. Les rois qui élevèrent les Djedar paraissent donc avoir accepté, dans une certaine mesure, la suprématie morale, peut-être même la suzeraineté politique des Byzantins. Dans quelques villes, des groupes de Romains ou d'Africains romanisés conservèrent, semble-t-il, un reste d'autonomie. Un prince, appelé Masuna, prit le titre de roi des tribus maures et des Romains, « *rex gentium Maurorum et Romanorum.* »

Tel était l'état de l'Algérie quand les Arabes pénétrèrent dans le Maghreb, en 647. Pendant une période de trente-six ans, ils envahirent plusieurs fois la Tunisie et montrèrent leur volonté de s'y établir définitivement en fondant Kairouan. Peut-être, dès cette époque, firent-ils quelques apparitions en Algérie. Mais ce fut seulement en 683 qu'une grande armée, commandée par Sidi Okba, en entreprit la conquête. Elle s'avança jusqu'à l'Atlantique, culbutant les Berbères qui lui livrèrent bataille, passant à côté des citadelles dans lesquelles les soldats grecs s'étaient réfugiés. Les Africains, il est vrai, ne se soumirent pas encore. Tandis qu'il rentrait à Kairouan, Sidi Okba fut surpris près de Biskra et périt avec tous ses compagnons. Quelques années plus tard, son successeur Hassan subit une terrible défaite au nord de l'Aurès et dut s'enfuir. On raconte que, pour enlever toute ressource aux Arabes, la Kahena, reine berbère, fit ravager les jardins et les campagnes, couper les oliviers, détruire les villages, depuis Tripoli jusqu'à Tanger. Mais peu après, Hassan revint et, cette fois, il fut vainqueur. L'autorité des khalifes s'étendit désormais sur tout le Maghreb. Les troupes byzantines avaient capitulé dans leurs forteresses ou repassé la mer. Quant aux indigènes, les conquérants affaiblirent leur désir de résistance en les lançant au pillage de l'Espagne et en traitant leurs chefs avec honneur. D'abord, les chrétiens furent laissés libres de garder leur foi ; puis, à partir de l'année 717, ils durent se convertir à l'islamisme ou émigrer. L'historien Ibn Khaldoun nous dit que certaines tribus apostasièrent jusqu'à douze fois ; cependant presque toutes se résignèrent enfin à accepter le Coran. Les prêtres et les évêques, seuls défenseurs de la civilisation latine, disparurent à peu près partout. La langue arabe commença à se répandre ; il est possible que beaucoup d'Africains l'aient adoptée sans peine parce qu'ils comprenaient encore le punique, idiome sémitique assez semblable. Il ne resta dans les dialectes berbères que quelques mots latins.

Aujourd'hui encore, les habitants de Tebessa, les paysans de quelques cantons de l'Aurès et de la grande Kabylie prétendent descendre des Romains. Dans les communes kabyles, un mot grec, *kanoun*, désigne les règlements municipaux. On a conservé

dans l'Aurès l'usage du calendrier julien et on y célèbre plusieurs fêtes d'origine romaine ou chrétienne.
Les indigènes ont des charrues, des meules, des pressoirs semblables à ceux dont leurs ancêtres se servaient dans les premiers siècles de notre ère. Quelques vieilles mosquées ont été élevées en Afrique sur
le plan des églises byzantines. La décoration chrétienne, avec ses rosaces, ses entrelacs, ses combinai-
sons de losanges, de triangles, de chevrons, de motifs
végétaux stylisés, s'est maintenue dans l'art berbère :
on la retrouve sur des monuments bâtis au moyen-
âge dans une oasis voisine d'Ouargla, et sur les pla-
ques en bois que les Kabyles sculptent de nos jours.
Mais ce sont là quelques misérables épaves d'un
grand naufrage. En réalité, la civilisation antique,
déjà frappée par les indigènes et par les Vandales, périt
dans l'Afrique septentrionale lors de l'invasion arabe.
Cette contrée, que l'Orient et l'Occident s'étaient
si longtemps disputée, qu'ils avaient tour à tour mar-
quée profondément de leur empreinte, où ils s'étaient
mêlés pour former le christianisme latin, appartint
désormais toute entière à l'Orient ; l'unité méditerra-
néenne cessa d'exister. Dans les temps troublés qui
suivirent la conquête musulmane, les Berbères purent refuser le paiement des impôts aux gouverneurs
arabes, combattre à la fois pour leur indépendance et
pour leurs doctrines hérétiques, chasser enfin les
représentants du khalife ; ils purent fonder des empi-
res qui s'étendirent jusqu'en Egypte et jusqu'au cœur
de l'Espagne. Mais ils ne se séparèrent pas du monde
de l'Islam pour rentrer dans le monde latin. De fausses généalogies rattachèrent leurs principales tribus à

la race du Prophète, leurs théologiens, leurs juris-
consultes, leurs historiens écrivirent dans la langue
du Coran, et leurs souverains firent construire des
édifices de style musulman. Des civilisations romaine
et byzantine, il n'était guère resté que des ruines
immenses et le souvenir de la puissance des *Roumis*.

Nous ne mettrons pas en balance l'œuvre des
Romains dans le nord de l'Afrique et celle des Fran-
çais, pour adresser à ceux-ci des éloges ou des
blâmes. Cette comparaison, que l'on a faite si souvent,
pèche par la base. Les conditions dans lesquelles se
sont accomplies les deux conquêtes ont été, en effet,
très différentes. Tandis qu'en 1830 l'Algérie était une
contrée barbare, les Romains y trouvèrent des villes
prospères et beaucoup de terres cultivées. Ils eurent
à développer un corps déjà vigoureux, et non pas à
ressusciter un cadavre. Ils ne se heurtèrent ni à des
haines nationales, ni à des haines religieuses. Pour
affermir leur domination, pour répandre leur mœurs
et leur langue, il ne leur fut pas nécessaire de couvrir le pays de colons ; un grand nombre d'Africains
acceptèrent volontiers la civilisation qu'ils leur ap-
portaient. Il est vrai que beaucoup d'autres préférèrent garder les coutumes de leurs pères ; Rome et
Byzance, son héritière, eurent le tort de ne pas faire
d'efforts énergiques pour modifier leurs sentiments :
c'eût été pour elles un gage de sécurité. Elles eurent
le tort surtout de ne pas établir en Afrique une organisation militaire assez forte pour repousser les
pillards berbères et pour arrêter les invasions ger-
manique et arabe.

Alger-Mustapha. — Imp. Gicall, rue des Colons, 17.

www.ingramcontent.com/pod-product-compliance
Lightning Source LLC
LaVergne TN
LVHW050559090426
835512LV00008B/1255